Einstein sagt

Zu diesem Buch

Mit Einstein ist es wie mit Goethe: Mit einem Zitat von ihm liegt man immer richtig! Er formulierte glänzend und einfallsreich, seine Worte und Sprüche waren nicht nur witzig, sondern hatten auch bedenkenswerten Tiefgang. Die hier versammelten fünfhundert Einstein-Zitate ordnen zum ersten Mal seine Gedanken und Ideen nach Themen: der Leser findet also Einsteins Äußerungen über sich selbst, Deutschland, Amerika, die Juden und Israel, den Tod, die Ehre und die Familie, Krieg und Frieden, Gott und Religion, Freunde, Wissenschaftler und die Frauen. Er selbst würde vermutlich über die Sammlung seiner geflügelten Worte schallend lachen und seinen Stoßseufzer von 1930 wiederholen: »Bei mir wird jeder Piepser zum Trompetensolo!«

Albert Einstein, am 14. März 1879 in Ulm geboren und am 18. April 1955 in Princeton/USA gestorben. Physiker, der die Spezielle und die Allgemeine Relativitätstheorie formulierte. Er lehrte in Zürich, Prag, Berlin und Princeton und erhielt 1921 den Nobelpreis für Physik.
Alice Calaprice ist bei Princeton University Press verantwortliche Lektorin für die Edition der Gesamtausgabe des Werkes von Albert Einstein.
Anita Ehlers hat Mathematik und Physik studiert, ist Lehrerin und Übersetzerin.

Einstein sagt

Zitate, Einfälle, Gedanken

Herausgegeben von Alice Calaprice
Vorwort von Freeman Dyson

Betreuung der deutschen Ausgabe und
Übersetzungen von Anita Ehlers

Mit 26 Abbildungen

Piper München Zürich

Von Albert Einstein liegt in der Serie Piper außerdem vor:
Am Sonntag küss' ich Dich mündlich. Die Liebesbriefe 1897–1903 (mit Mileva Marić; 2652)

Ungekürzte Taschenbuchausgabe
1. Auflage April 1999
2. Auflage September 1999

Titel der amerikanischen Originalausgabe:
»The Quotable Einstein«, Princeton Universvity Press,
Princeton 1996

Umschlag: Büro Hamburg, Andreas Rüthemann
Umschlagabbildung: Archiv für Kunst und Geschichte, Berlin
Gesamtherstellung: Clausen & Bosse, Leck
Printed in Germany ISBN 3-492-22805-4

Inhalt

Vorwort

Ich habe zugestimmt, dieses Vorwort zu schreiben, weil ich der Princeton University Press seit dreißig Jahren als Freund und Berater verbunden bin und helfen konnte, dem gewaltigen und schwierigen Projekt der Herausgabe der Dokumente Einsteins den Weg zu bahnen. Nach langen Verzögerungen und erbitterten Auseinandersetzungen macht die Veröffentlichung, bei deren Verwirklichung Alice Calaprice eine zentrale Rolle spielt, jetzt große Fortschritte, und in steter Folge erscheinen Bände voller wissenschaftlicher und historischer Schätze.

Ich habe Einstein nur durch Helen Dukas, seine Sekretärin und Verwalterin seines Archivs, gekannt. Helen war Erwachsenen und Kindern eine warmherzige und freigiebige Freundin und zudem viele Jahre lang die Lieblings-Babysitterin unserer Kinder. Sie erzählte gerne Geschichten von Einstein, wobei sie immer betonte, wie humorvoll und gelassen er war, ganz frei von den Leidenschaften, die gewöhnliche Sterbliche quälen. Unsere Kinder erinnern sich an sie als eine sanftmütige und gutgelaunte alte Dame mit deutschem Akzent. Aber sie war auch hartnäckig. Sie kämpfte zu Einsteins Lebzeiten wie eine Löwin, wenn sie jemandem den Versuch verwehren wollte, in sein Privatleben einzudringen, und sie kämpfte nach seinem Tod wie eine Löwin, um seinen persönlichen Nachlaß zu schützen. Als Einsteins Nachlaßverwalter waren sie und Otto Nathan jederzeit bereit, gerichtlich gegen jeden vorzugehen, der es wagte, Einstein-Dokumente ohne ihre Zustimmung zu veröffentlichen. Unter der Gelassenheit, die Helen Dukas nach außen zeigte, spürten wir gelegentlich eine verborgene Spannung, wenn sie unklare Andeutungen über nicht namentlich genannte Menschen machte, die ihr das Leben unsäglich erschwerten.

Einsteins Testament verfügte, daß der literarische Nachlaß mit all seinen Dokumenten von Otto Nathan und Helen Dukas verwaltet werden sollte, solange sie lebten; danach sollte er der hebräischen Universität in Jerusalem gehören. Nach Einsteins Tod 1955 wurde das Archiv mit seinen vielen Metern Aktenordnern 25 Jahre lang vom Institute for Advanced Study in Princeton betreut. Dort arbeitete Helen Dukas täglich; sie führte einen enormen Briefwechsel und entdeckte Tausende neuer Dokumente, die der Sammlung hinzugefügt werden konnten.

Im Dezember 1981 erfreuten sich Otto Nathan und Helen Dukas sichtlich beide guter Gesundheit. Doch plötzlich gab es um Weihnachten herum, als die meisten Mitglieder des Instituts verreist waren, eine Veränderung. In einer trüben und regnerischen Nacht stand ein großer Lastwagen vor dem Institut, bewacht von einer Abteilung schwerbewaffneter israelischer Soldaten. Als ich zufällig dort vorbeikam, blieb ich stehen, um das Geschehen zu beobachten. Außer mir sah ich keine Zuschauer, aber ich zweifle nicht, daß auch Helen Dukas dort war und die Vorgänge überwachte; vermutlich stand sie am Fenster ihres Arbeitszimmers im oberen Stockwerk des Instituts. In rascher Folge wurden eine Reihe großer hölzerner Kisten vom oberen Stockwerk im Fahrstuhl nach unten gebracht, durch die offene Vordertür aus dem Gebäude getragen und auf den Lastwagen geladen. Dann sprangen die Soldaten auf, und der Lastwagen fuhr in die Nacht. Am nächsten Tag war das Archiv an seinem Bestimmungsort in Jerusalem. Helen führte ihre Arbeit am Institut fort, erledigte ihre Korrespondenz und brachte die Räume in Ordnung, in denen das Archiv gewesen war. Sie starb plötzlich und unerwartet sechs Wochen später. Wir haben nie erfahren, ob sie ihren Tod vorausgeahnt hat; jedenfalls hatte sie dafür gesorgt, daß ihr geliebtes Archiv vor ihrem Tod in Sicherheit war.

Nachdem die Hebräische Universität die Verantwortung für das Archiv übernommen hatte und Otto Nathan im Januar 1987 gestorben war, wurde bald klar, welche Gespenster Helen Dukas das Leben erschwert hatten. Der Wissenschaftshistoriker Robert Schulmann, der einige Jahre als Mitarbeiter am Projekt der Einstein-Dokumente beteiligt gewesen war, hatte aus der Schweiz einen Hinweis erhalten, es könnte noch Liebesbriefe geben, die Einstein und seine erste Frau, Mileva Marić, um die Jahrhundertwende gewechselt hatten. Diese Briefe mußten zu Milevas literarischem Nachlaß gehören, den ihre Schwiegertochter Frieda, die erste Frau von Einsteins ältestem Sohn Hans, 1948 nach Milevas Tod nach Kalifornien gebracht hatte. Zwar hatte man Schulmann wiederholt versichert, es seien lediglich jene Briefe erhalten, die Einstein nach 1914, also nach der Trennung von Mileva, geschrieben hatte. Schulmann war davon aber nicht restlos überzeugt und arrangierte 1986 in Berkeley ein Treffen mit Einsteins Enkelin Evelyn, bei dem sie gemeinsam einen entscheidenden Hinweis entdeckten: In einem unveröffentlichten Manuskript, in dem Frieda aus dem Privatleben ihres Schwiegervaters erzählte, fanden sich Bemerkungen, die nicht zum Text gehörten, aber ganz unmittelbar auf 54 Liebesbriefe Bezug nahmen. Diese Briefe gehörten folglich zu den über vierhundert Briefen, die in der Hand des *Einstein Family Correspondence Trust* waren, der gesetzlichen Körperschaft, die die kalifornischen Erben von Mileva repräsentiert. Weil Otto Nathan und Helen Dukas die Veröffentlichung von Friedas Biographie verhindert hatten, war ihnen der Zugang zu diesem Briefwechsel verweigert worden, sie kannten den Inhalt also nicht aus erster Hand. Die Entdekkung der Aufzeichnungen Frieda Einsteins und die Überführung der Dokumente an die Hebräische Universität bot erneut Gelegenheit, die Veröffentlichung des Briefwechsels anzustreben.

Im Frühjahr 1986 gelang es John Stachel, der damals als Herausgeber für die Veröffentlichung des Archivs verantwortlich war, und Reuben Yaron von der Hebräischen Universität, die Hürden zu überwinden und mit dem *Family Trust* zu einer Übereinkunft zu kommen. Ihr Ziel war es, Fotokopien des Briefwechsels bei den Herausgebern der Dokumente und bei der Hebräischen Universität zu deponieren. Die entscheidende Begegnung spielte sich in Kalifornien ab, wo Thomas Einstein, der älteste Urenkel des Physikers und Treuhänder des *Family Trust*, lebt. Die Unterhändler waren entwaffnet, als ein junger Mann in Tennisshorts erschien; es kam rasch zu einer freundschaftlichen Einigung, die die Veröffentlichung der Liebesbriefe ermöglichte. Die Briefe an Mileva zeigten Einstein, wie er wirklich war, als einen Menschen, der nicht gegen die Leidenschaften und Schwächen gewöhnlicher Sterblicher gefeit war. Die Briefe sind Meisterwerke beißender Prosa und erzählen die alte, traurige Geschichte einer enttäuschenden Ehe, die mit zärtlicher und verspielter Liebe beginnt und mit schroffem und kaltem Rückzug endet.

In all den Jahren, in denen Helen Dukas über das Archiv herrschte, stand neben ihr immer ein hölzernes Kästchen, das »Zettelkästchen«. Sowie sie bei ihrer täglichen Arbeit auf einen Ausspruch Einsteins stieß, der ihr bemerkenswert erschien oder besonders gefiel, schrieb sie ihn ab und legte ihn in den Kasten. Wenn ich sie in ihrem Büro besuchte, zeigte sie mir, was hinzugekommen war. Der Inhalt dieses Kästchens wurde zum Kern ihres Buchs *Albert Einstein, the Human Side,* einer Anthologie von Einstein-Zitaten, die sie gemeinsam mit Banesh Hoffmann herausgab und 1979 veröffentlichte. Dieses Buch zeigt Einstein so, wie die Welt ihn nach Meinung von Helen Dukas sehen sollte, als legendären Einstein, als Freund der Schulkinder und armen Studenten, als mild ironischen Philosophen, als Genie ohne heftige Gefühle und tragische Fehler. Es ist interessant, den Einstein, wie ihn Helen Dukas porträtiert, mit dem Einstein zu vergleichen, den Alice Calaprice in diesem Buch darstellt. Alice Calaprice hat ihre Zitate sowohl aus den alten als auch aus den neuen Dokumenten ausgewählt. Sie betont die dunklere Seite von Einsteins Persönlichkeit nicht, aber sie verbirgt sie auch nicht. Im kurzen Abschnitt »Über die Familie« beispielsweise wird die dunklere Seite deutlich erkennbar.

Wenn ich zu dieser Sammlung ein Vorwort schreibe, bin ich gezwungen, mich der Frage zu stellen, ob ich damit einen Verrat begehe. Helen Dukas hätte sich sicherlich heftig gegen die Veröffentlichung der Privatbriefe an Mileva und Elsa, Einsteins zweite Frau, gewehrt. Sie hätte sich wahrscheinlich verraten gefühlt, wenn sie meinen Namen in Verbindung mit einem Buch gesehen hätte, das viele Zitate aus den Briefen enthält, die sie auf keinen Fall veröffentlicht sehen wollte. Ich war einer ihrer engen Freunde, und sie vertraute mir, deshalb ist es nicht leicht für mich, ihrem ausdrücklichen Wunsch zuwider zu handeln. Wenn ich sie verrate, tue ich das nicht leichtfertig. Letztlich beruhige ich mein Gewissen mit dem Gedanken, daß Helen Dukas, trotz all ihrer Vorzüge, zutiefst irrte, wenn sie versuchte, den wahren Einstein vor der Welt zu verbergen. Als sie noch lebte, habe ich nie vorgegeben, mit ihr in dieser Hinsicht übereinzustimmen. Ich habe nicht versucht, sie umzustimmen, weil ihre Auffassung von ihren Pflichten gegenüber Einstein unveränderbar war, aber ich habe ihr deutlich gesagt, daß ich es nicht befürworten würde, in einem Prozeß eine Verhinderung der Veröffentlichung der Einstein-Dokumente zu erstreiten. Ich hatte Helen Dukas sehr gern und habe sie als Mensch geachtet, aber ich habe ihr nie versprochen, ihre Art der Zensur zu unterstützen. Ich hoffe und glaube, daß Helen Dukas mir vergeben würde, wenn sie noch lebte und mit eigenen Augen sehen könnte, daß die Veröffentlichung der Privatbriefe die weltweite Bewunderung und Achtung für Einstein nicht geschmälert hat.

Die Veröffentlichung der Liebesbriefe mag einen Verrat an Helen Dukas bedeuten, aber sie war sicherlich kein Verrat an Einstein. Diese Zitatensammlung aus vielen Quellen zeichnet ein Bild von Einstein als faszinierender Persönlichkeit und wirklichem Menschen, größer und bemerkenswerter als jener zahme Philosoph, den Helen Dukas in ihrem Buch porträtiert. Einsteins Errungenschaften in Wissenschaft und Gesellschaft werden nur noch wunderbarer, wenn man sich der dunkleren Seite in seinem Leben bewußt wird. Dieses Buch zeigt ihn, wie er war – nicht als übermenschliches Genie, sondern als ein Genie, das um so größer ist, weil es auch menschlich ist.

Vor einigen Jahren hatte ich das Glück, zur selben Zeit wie der Kosmologe Stephen Hawking in Tokio Vorträge zu halten. Es war ein erstaunliches Erlebnis für mich, neben Hawking, der in seinem Rollstuhl fuhr, durch die Straßen von Tokio zu gehen. Ich hatte das Gefühl, mit Jesus Christus durch Galiläa zu wandern. Wohin wir auch kamen, liefen Japaner schweigend hinter uns her und streckten ihre Hände aus, um den Rollstuhl zu berühren. Hawking genoß das Schauspiel mit distanziertem Humor. Ich mußte an einen Bericht über Einsteins Besuch in Japan im Jahr 1922 denken. Die Menschen, so hatte ich gelesen, waren damals Einstein *so* nachgelaufen, wie sie siebzig Jahre später Hawking nachliefen. Die Japaner damals verehrten Einstein *so*, wie sie jetzt Hawking verehren, und bewiesen damit, welchen ausgezeichneten Geschmack sie bei der Wahl ihrer Helden haben. Über die Grenzen von Kultur und Sprache hinweg spürten sie in diesen Besuchern aus der Ferne eine gottähnliche Qualität. Irgendwie verstanden sie, daß Einstein und Hawking nicht nur große Wissenschaftler waren, sondern große Menschen. Dieses Buch hilft zu erklären, warum.

Freeman Dyson
The Institute for Advanced Study
Princeton, New Jersey

Einleitung und Danksagungen

Früher dachte ich nicht daran, dass jedes spontan geäusserte Wort aufgegriffen und fixiert werden könne. Sonst hätte ich mich mehr ins Schneckenhaus verkrochen.

Einstein zu seinem Biographen Carl Seelig, 25. Oktober 1953

Einstein hat viel geschrieben – häufig sehr Tiefsinniges und Gedankenreiches –, und er läßt sich ungeheuer gut zitieren. Ich entdeckte das, als ich 1978 mit meiner Arbeit an Einsteins literarischem Nachlaß begann und einen computerisierten Index des duplizierten Einstein-Archivs erstellte, das damals (ebenso wie das Original) am Institute for Advanced Study in Princeton untergebracht war. Zu diesem Projekt, das John Stachel leitete, damals der Herausgeber der *Collected Papers of Albert Einstein*, gehörte die sorgfältige Durchsicht aller Dokumente – seines Briefwechsels, aller Aufzeichnungen und der Bemerkungen Dritter. Unterstützt von Edith Laznovsky sammelte ich die Informationen und gab sie in einen nicht besonders benutzerfreundlichen Computer der siebziger Jahre ein, der uns im Zyklotronlabor der Universität Princeton zur Verfügung stand. Ich habe diese – zumeist deutschen – Texte gründlicher als nötig gelesen, einfach weil sie mich so fesselten. Ich begann spontan, meine liebsten Aussprüche und Zitate auf Karteikarten festzuhalten; diese Karten dienen jetzt, nach langer Zeit, als Grundlage für dieses Buch.

Seit ich für Princeton University Press arbeite und vom Verlag nicht nur mit dem gewaltigen Unternehmen der Herausgabe der *Collected Papers of Albert Einstein* betreut wurde, sondern auch damit, das damit einhergehende Übersetzungsvorhaben zu verwalten, erhalte ich oft Anrufe und Briefe von Menschen, die mich nach der Quelle von Zitaten fragen, die sie gewöhnlich auf einem Kalenderblatt gefunden oder im Radio gehört hatten und die Einstein zugeschrieben wurden. Wie ich damals erfuhr, werden die Redaktion des Einstein Projekts in Boston, die Firestone-Bibliothek der Universität Princeton und die Bibliothek am Institute for Advanced Study ebenfalls mit solchen Fragen überhäuft. In den meisten Fällen gelang es nicht, die Quelle oder das korrekte Zitat zu finden – jedenfalls nicht mühelos oder rasch. Diese Situation, die blaue Plastikschachtel mit Zitaten auf meinem Regal, und das Interesse von Trevor Lipscombe, dem naturwissenschaftlichen Lektor des Verlags, brachten mich auf den Gedanken, dieses Buch zu schreiben.

Bei der Zusammenstellung dieser Auswahl habe ich mich nicht nur auf meine blaue Schachtel verlassen, sondern auch viele andere Originalquellen und Einstein-Biographien durchsucht und Teile des duplizierten Archivs noch einmal durchforstet. Ich habe mich nicht auf solche Zitate beschränkt, die sich für Tischreden und als Sinnsprüche eignen, sondern auch einige weniger tiefsinnige Äußerungen aufgenommen, die unterschiedliche Facetten von Einsteins Persönlichkeit beleuchten. Einige von diesen könnten Lesern mißfallen, die Einstein einseitig als mitfühlenden, toleranten und makellosen Helden sehen (so seine schroffe Antwort an einen chilenischen Würdenträger, der einige Worte der Weisheit erbat, oder sein Tagebucheintrag über die Frommen an der Klagemauer in Jerusalem oder seine Gedanken zu Frauen in der Naturwissenschaft). Andere Leser sehen ihre schlechte Meinung über Einstein, ob sie nun Religion, Philosophie oder Politik betrifft, vielleicht gern durch seine Gedanken zu Abtreibung, Ehe, Kommunismus und Weltregierung bestätigt. Wieder andere werden sich über seinen Humor freuen (siehe beispielsweise den Abschnitt zu Tieren in »Vermischtes«) und seine Ansichten über alle möglichen Themen teilen, die Jugend und Alter, Pfeifenrauchen und Sockentragen betreffen.

Bevor aber ein schnelles Urteil gefällt wird, sollte man jeweils bedenken, wie alt Einstein war, als er einen bestimmten Ausspruch machte und unter welchen Umständen – unter welchen geschichtlichen und kulturellen Gegebenheiten – er jeweils lebte. Einstein hat im Lauf seines Lebens seine Meinung gelegentlich geändert oder differenziert – beispielsweise zu Pazifismus, Todesstrafe und Zionismus. Außerdem lebte er in einer Männerwelt.

Die Einteilung des Buchs in die (nach dem Abschnitt »Einstein über sich selbst«) im Inhaltsverzeichnis alphabetisch aufgeführten Kategorien ergab sich ganz von selbst. Der umfangreichere Abschnitt »Vermischtes« wurde ebenfalls alphabetisch nach Themen geordnet. Innerhalb der Kategorien sind die Zitate chronologisch angeführt, wenn es mir möglich war, die Zitate zu datieren; die undatierten Quellen habe ich anschließend willkürlich nach Quellen zusammengefaßt.

Ich zitiere, wann immer möglich, nach den Originalen. Zu den Quellen gehören vor allem das Einstein-Archiv (hier gebe ich die Nummer des Dokuments an), die bis jetzt erschienenen Bände von *The Collected Papers of Albert Einstein (CPAE)* und *Albert Einstein, the Human Side* von Helen Dukas und Banesh Hoffmann, mit Material aus dem Archiv, das Einsteins Sekretärin, die auch seine langjährige Archivarin war, aus Anlaß seines hundertsten Geburtstags herausgab, und auch die Bücher und Zeitschriften, in denen die betreffenden Aufsätze zuerst erschienen. Außerdem führe ich oft leicht zugängliche, aber zuverlässige Zusammenstellungen an wie *Mein Weltbild* und *Aus meinen späten Jahren*, so daß Leser diese bekanntere Literatur hinzuziehen können, wenn sie am Gesamttext und am Zusammenhang interessiert sind. (Seitenangaben beziehen sich auf die in der Bibliographie zitierten Ausgaben.) In den wenigen Fällen, in denen ich keine Originalquelle finden konnte, habe ich mich auf die in der Bibliographie angegebene Sekundärliteratur, insbesondere die Biographien, verlassen.

Es braucht nicht erwähnt zu werden, daß es viele bemerkenswerte Worte Einsteins geben muß, denen ich nicht begegnet bin (und die irgendwo in den über 40000 Dokumenten im Archiv verborgen sind), deshalb darf dieser erste Versuch keineswegs für ein vollständiges Zitatenbuch gehalten werden. Ich hoffe jedoch, daß ich die wichtigsten und interessantesten Aussprüche aufführen und belegen konnte. Da diese Arbeit weitergeführt wird und nach einigen Jahren jeweils eine erweiterte Ausgabe geplant ist, bitte ich die Leser, mir oder dem Verlag* Zitate, die mir entgangen sind, zuzusenden und ihre Quellen mitzuteilen, damit sie in spätere Ausgaben eingearbeitet werden können. Lassen Sie es mich bitte auch wissen, wenn ich Einstein unabsichtlich falsch zitiert oder eine falsche Quelle angegeben habe.

Ich bin auf einige wenige Zitate gestoßen, deren Quellen ich nicht finden konnte, von denen ich – oder Leute, die mich um Auskunft baten – jedoch gehört oder gelesen hatte, daß sie Einstein zugeschrieben wurden. Ich habe diese am Schluß des Buchs in einem kleinen Abschnitt »Einstein zugeschrieben« zusammengestellt; ich hoffe, daß Leser mich zu der richtigen Quelle führen können.

Schließlich möchte ich jenen danken, die mir bei der Vor-

* *Ms. Alice Calaprice c/o Princeton University Press, Princeton NJ 08540, USA, oder Piper Verlag, Lektorat Sachbuch/Wissenschaft, Georgenstr. 4, D-80799 München.*

bereitung dieses Buchs geholfen haben. Vor allem danke ich der Hebräischen Universität von Jerusalem für die Erlaubnis, Material aus dem Einstein-Archiv zu verwenden.

Ich bin ebenfalls dankbar für die Hilfe, das Interesse und die Unterstützung durch meine Familie, Freunde und Kollegen bei der Princeton University Press, die sich von Anfang an für dieses Vorhaben begeistert haben, und erwähne besonders Trevor Lipscombe, Eric Rohmann und Emily Wilkinson. Außerdem gebührt mein Dank meiner langjährigen Freundin und Cheflektorin Janet Stern, die mich davon überzeugte, daß auch die Arbeit professioneller Lektoren lektoriert werden muß. Das Computergenie Linda Moran führte mich geduldig in die Welt von WordPerfect ein. Der Designer, Jan Lilly, bewies viel Einfühlungsvermögen und Können. Bing Lin Zhao von Boston University blieb auch dann gutgelaunt und außergewöhnlich hilfsbereit, wenn ich seine Arbeit immer wieder unterbrach, um seine Hilfe bei den Recherchen zu erbitten, und ersparte mir dadurch viele Stunden Arbeit. Evelyn Einstein half mir freundlicherweise, den von Mark Hazarabedian mit großer Sorgfalt erarbeiteten Stammbaum der Familie Einstein auf den neuesten Stand zu bringen. Meine Mutter, Rusan Abeghian, sammelte aus Zeitschriften in vielen Sprachen Informationen zu Einstein.

Ich danke auch Freeman Dyson, der sich trotz seiner beruflichen Überlastung die Zeit nahm, das Vorwort zu schreiben. Als ich meine alten Karteikarten durchschaute, fand ich eine mit einigen hingekritzelten Bemerkungen, die Helen Dukas 1978 über Dyson gemacht hatte. Helen, die wußte, daß ich mütterlicherseits aus Armenien stamme, hatte mir von einem Aufsatz erzählt, den der mir damals noch unbekannte Freeman Dyson einige Jahre zuvor über seinen Besuch in Armenien geschrieben hatte. Nach unserem Gespräch sagte sie etwas über Dyson, das wert ist, in einem Buch wie diesem zitiert zu werden: »Er ist ein großer Mensch. Ich bedauere nur, daß er Professor Einstein nicht persönlich gekannt hat. In den 50er Jahren erwähnte der Professor, daß er von diesem interessanten jungen Mann gehört hatte. Ich sagte, ich könne ein Treffen arrangieren, aber der Professor sagte: ›Oh nein, ich möchte einen so wichtigen Mann nicht belästigen.‹« Im Gegensatz zum höflichen Professor Einstein wagte ich es, diesen Mann zu belästigen – um ihn zu bitten, ein Vorwort zu diesem Buch zu schreiben – und ich bin zutiefst dankbar, daß er so bereitwillig zustimmte.

Nicht zuletzt danke ich Robert Schulmann, der als Direktor des *Einstein Papers Project* an der Boston University immer ein unschätzbarer Freund und eine Quelle von Informationen und Aufmunterung war, auch wenn ich, meinem Gefühl nach, seine Geduld oft auf die Probe gestellt habe. Ich hoffe, daß dieses Büchlein die Erwartungen aller erfüllt.

Princeton, im Januar 1996 Alice Calaprice

Bemerkungen zur deutschen Ausgabe

»›Zitternd ergreife ich die Feder…‹, sagt der Backfisch …«, zitiert Einstein. »Bei mir ist es aber nicht minder so«, schreibt er weiter, und berichtet von den Schrecken einer Krankenhausbehandlung. Wenn nicht zitternd, so doch zögernd habe ich die Aufgabe übernommen, Einsteins Worte ins Deutsche zu übertragen, denn »so wenig man Mozarts Briefe oder Voltaires Prosa ohne Beeinträchtigung übersetzen kann, so wenig ist dies bei Einstein möglich«, wie dessen Kollege Res Jost im Geleitwort zu Hoffmann, *Schöpfer und Rebell* sagt. Einstein, der Englisch spät und mit Mühe lernte und immer mit starkem Akzent sprach, (Fölsing, *Einstein*, S. 774) »wundert sich über die drollige Sache, wie alles plastischer und lebhafter wirkt, wenn es in der altvertrauten Sprache erscheint«. Einstein hatte wohl auch, wenn er Englisch sprach, immer das im Deutschen mögliche Bild vor Augen, und das wurde in der englischen Übersetzung nicht jedesmal getroffen, wie der Vergleich eines gelegentlich gefundenen Originals mit deutschen Rückübersetzungen zeigt.

Einstein hat fast nichts auf Englisch geschrieben, »von wegen der hinterhältigen Orthographie. Wenn ich lese, höre ich es vor mir und erinnere mich nicht, wie das Wortbild aussieht« (Brief an Max Born, 7. September 1944, in Einstein–Born, *Briefwechsel*, S. 202), und er hat für seine englischen Texte fast immer einen deutschen Entwurf gemacht. Es gelang, im Einstein-Archiv in Jerusalem entweder das deutsche Original oder einen deutschen Entwurf sehr vieler englisch überlieferter Zitate zu finden; für die unschätzbare Hilfe bei dieser Arbeit möchte ich dem Leiter des Archivs, Ze'ev Rosenkranz, und insbesondere Frau Barbara Wolff sehr herzlich danken. Viele der nur englisch auffindbaren Zitate wurden von Einstein im Gespräch gemacht und bestätigen seine Worte: »Die mündliche Überlieferung aber neigt wohl zur Verformung.« Die von mir rückübersetzten Zitate sind mit einem * gekennzeichnet.

Einsteins Originalton klingt also vor allem in seinen Briefen und Schriften durch, dort, wo er die Worte selbst schriftlich fixierte. Seine Schreibweise, die gelegentlich den Regeln der umstrittenen Rechtschreibreform zu gehorchen scheint, wurde beibehalten. So kommt »vor allem Einstein selbst zu Wort, und zwar in der Sprache, die er gesprochen, in der er gedacht hat«; das freut sicher nicht nur Res Jost, der dieses sagte, und Freeman Dyson, der sich auch in der englischen Ausgabe die deutschen Zitate gewünscht hätte.

Was hätte wohl Einstein selbst dazu gesagt? Vermutlich würde er schallend lachen: »Bei mir wird jeder Piepser zum Trompetensolo« (Brief an Ehrenfest, 21. März 1930, *Briefe* S. 23), vielleicht auch stöhnen: »Früher dachte ich nicht daran, dass jedes spontan geäußerte Wort aufgegriffen und fixiert werden könne. Sonst hätte ich mich mehr ins Schnekkenhaus verkrochen.« (Brief an Carl Seelig, 25. Oktober 1953, *Briefe* S. 23). »Aber man muß sich damit trösten, dass die Zeit ein Sieb hat, durch welches die meisten Wichtigkeiten ins Meer der Vergessenheit ablaufen, und was bei dieser Auslese übrig bleibt, ist oft immer noch fad und schlecht.« (Brief an Max Brod, 22. Februar 1949, *Briefe* S. 22)

Oft, aber nicht immer. Nicht bei dem, was Einstein sagt.

Starnberg, im April 1997 Anita Ehlers

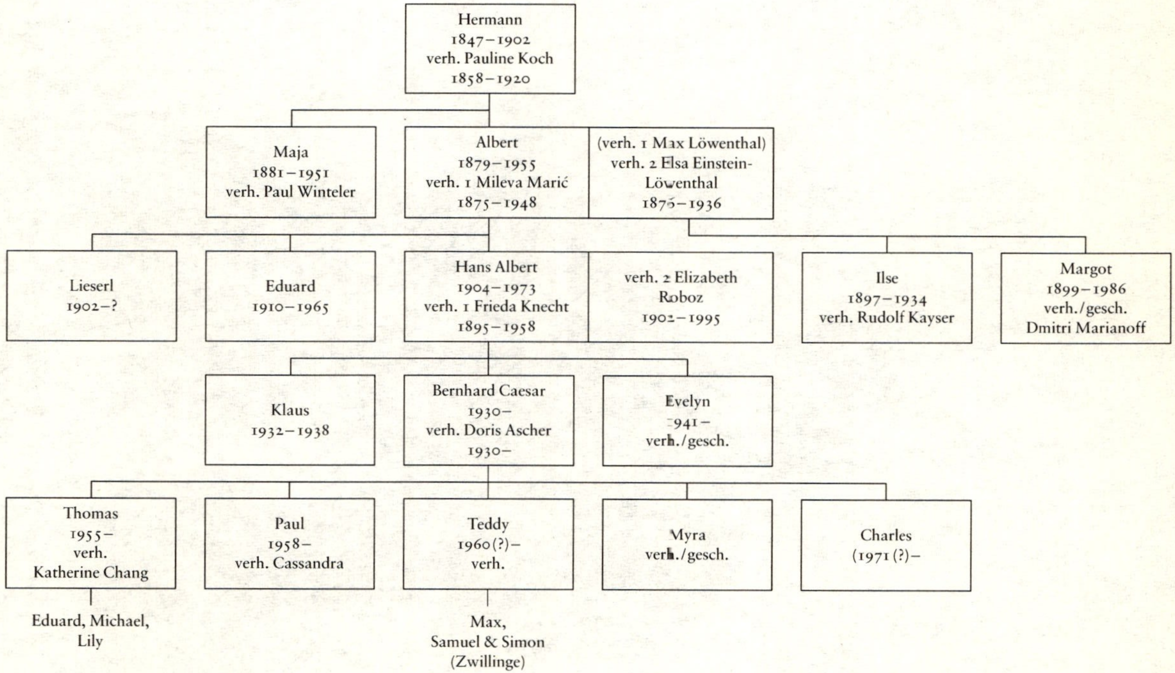

Hermann
1847–1902
verh. Pauline Koch
1858–1920
Maja
1881–1951
verh. Paul Winteler
Albert
1879–1955
verh. 1 Mileva Marić
1875–1948
(verh. 1 Max Löwenthal)
verh. 2 Elsa Einstein-
Löwenthal
1876–1936
Lieserl
1902–?
Eduard
1910–1965
Hans Albert
1904–1973
verh. 1 Frieda Knecht
1895–1958
verh. 2 Elizabeth
Roboz
1902–1995
Ilse
1897–1934
verh. Rudolf Kayser
Margot
1899–1986
verh./gesch.
Dmitri Marianoff
Klaus
1932–1938
Bernhard Caesar
1930–
verh. Doris Ascher
1930–
Evelyn
941–
verh./gesch.
Thomas
1955–
verh.
Katherine Chang
Paul
1958–
verh. Cassandra
Teddy
1960(?)–
verh.
Myra
verh./gesch.
Charles
(1971(?)–
Eduard, Michael,
Lily
Max,
Samuel & Simon
(Zwillinge)

In Bern, ca. 1905. (Mit freundlicher Genehmigung von Lotte Jacobi Archives, Universität von New Hampshire.)

Zeittafel

Diese Zeittafel wurde überwiegend aus Angaben zusammengestellt, die sich in den Zeittafeln in Band 1 und Band 5 der *Collected Papers of Albert Einstein* und in der Zeittafel in *Raffiniert ist der Herrgott*... von Abraham Pais finden; außerdem halfen mir meine Notizen zu meinen Gesprächen mit Helen Dukas zwischen 1978–1980. Sie wurden durch Daten aus anderen Quellen ergänzt.

1879	Am 14. März wird Albert Einstein im Haus seiner Eltern, Hermann (1847–1902) und Pauline Koch (1858–1920) in Ulm geboren.
1880	Die Familie siedelt nach München über.
1881	Am 18. November wird Einsteins Schwester Maja geboren.
1884	Er erhält von seinem Vater einen Kompaß, der ihn sehr beeindruckt.
1885	Einstein besucht ab dem 1. Oktober die Petersschule, eine katholische Volksschule; er ist der einzige Jude in seiner Klasse. Er nimmt dort am Religionsunterricht teil, erhält aber zu Hause jüdischen Religionsunterricht und lernt Geige.
1888	Einstein besucht das Luitpold-Gymnasium.
1889–95	Er zeigt Interesse an Physik, Mathematik, Philosophie.
1894	Die Familie siedelt nach Oberitalien über. Einstein soll bis zum Abitur in München bleiben, verläßt aber gegen Jahresende das Gymnasium ohne Abschluß und reist zu seinen Eltern nach Mailand.

1895 Einstein bemüht sich um die Aufnahme in das Eidgenössische Polytechnikum (jetzt Eidgenössische Technische Hochschule, ETH) in Zürich, obwohl er zwei Jahre unter dem Mindestalter ist, besteht aber die Aufnahmeprüfung nicht. Im Herbst wird er in die Gewerbeabteilung der Kantonsschule in Aarau aufgenommen. Dort wohnt er bei der Familie eines seiner Lehrer, Jost Winteler.

1896 Einstein gibt die württembergische und damit die deutsche Staatsangehörigkeit auf, weil ihm die militaristischen Tendenzen mißfallen. Er bleibt die nächsten fünf Jahre staatenlos. Im Herbst erhält er die Matura und damit die Berechtigung zum Studium am Polytechnikum. Ende Oktober zieht er nach Zürich und beginnt das Studium.

1899 Antrag auf die Schweizer Staatsbürgerschaft.

1900 Einstein erhält das Diplom als Fachlehrer in mathematischer Richtung, nicht aber die erhoffte Assistentenstelle am Polytechnikum. Im Sommer sagt er seiner Mutter, er wolle seine Kommilitonin Mileva Marić heiraten, womit seine Eltern überhaupt nicht einverstanden sind. Ende des Jahres reicht er die erste Arbeit bei den *Annalen der Physik* ein.

1901 Einstein erhält die Schweizer Staatsbürgerschaft und bewirbt sich vergeblich um Assistentenstellen. Seine erste wissenschaftliche Arbeit »Folgerungen aus den Kapillaritätserscheinungen« wird im März veröffentlicht. Im Sommer arbeitet er als Aushilfslehrer am Technikum in Winterthur und im Herbst als Lehrer an einer Privatschule in Schaffhausen. Er bleibt mit Mileva in Kontakt und beginnt mit der Arbeit an einer Dissertation über Molekularkräfte in Gasen, die er im November bei der Universität Zürich einreicht. Im Dezember bewirbt er sich beim Schweizer Patentamt in Bern.

1902 Vermutlich im Januar wird seine Tochter »Lieserl« unehelich geboren. Einstein zieht seine Dissertation zurück und wird im Juni als Experte III. Klasse am Patentamt in Bern auf Probe angestellt. Im Oktober stirbt sein Vater in Mailand.

1903 Am 6. Januar heiratet er Mileva in Bern, wo das Paar auch wohnt. Im September wird die Tochter Lieserl registriert, was darauf hindeutet, daß sie zur Adoption freigegeben werden sollte; die Kenntnis von einem illegitimen Kind hätte die Beamtenlaufbahn gefährdet. Lieserl wird nie wieder erwähnt, womöglich starb sie an Scharlach, an dem sie bei einem Besuch Milevas bei ihren Eltern erkrankt war. (Anscheinend hat Lieserl niemals bei ihren eigenen Eltern gelebt; alle Spuren von ihr sind verloren.) Mileva ist wieder schwanger.

1904 Am 14. Mai wird der Sohn Hans Albert in Bern geboren. (Er starb 1973 in Falmouth, Massachusetts.) Im September erhält Einstein eine feste Anstellung am Patentamt.

1905 Einsteins *annus mirabilis* in bezug auf seine wissenschaftliche Arbeit. Am 30. April legt er seine Arbeit »Eine neue Bestimmung der Moleküldimensionen« als Dissertation vor. Außerdem veröffentlicht er drei seiner wichtigsten Arbeiten: »Über einen die Erzeugung und Umwandlung des Lichtes betreffenden heuristischen Standpunkt« (veröffentlicht am 9. Juni), die sich mit der Quantenhypothese beschäftigt und zeigt, daß elektromagnetische Strahlung (z. B. im sogenannten photoelektrischen Effekt) mit Materie wechselwirkt, als ob die Strahlung eine körnige Struktur hätte; »Über die von der molekularkinetischen Theorie der Wärme geforderte Bewegung von in ruhenden Flüssigkeiten suspendierten Teilchen« (veröffentlicht am 18. Juli), seine erste Arbeit zur Brownschen Bewegung, die zu Experimenten führt, mit denen die molekularkinetische Wärmetheorie bestätigt werden kann, und »Zur Elektrodynamik bewegter Körper« (veröffentlicht am 26. September), seine erste

Arbeit zur Speziellen Relativitätstheorie und ein Meilenstein in der Entwicklung der modernen Physik. Eine zweite, kürzere Arbeit zur speziellen Relativitätstheorie, die am 21. November veröffentlicht wird, enthält die Gleichung $E = mc^2$ (siehe das Zitat unter $E = mc^2$ in dem Abschnitt »Über Naturwissenschaft, Mathematik und Technik«).

1906 Am 15. Januar wird Einstein von der Universität in Zürich promoviert und am 10. März zum Experten II. Klasse am Patentamt befördert.

1907 Einstein bewirbt sich unter anderem an der Eidgenössischen Hochschule in Zürich und an der Universität Bern.

1908 Im Februar wird Einstein Privatdozent an der Universität Bern. Seine Schwester Maja wird in Romanistik promoviert.

1909 Am 7. Mai wird Einstein außerordentlicher Professor für theoretische Physik an der Universität Zürich. Er tritt den Posten am 15. Oktober an und kündigt am Patentamt und an der Universität Bern. Er erhält sein erstes Ehrendoktorat von der Universität Genf.

1910 Im März heiratet Maja Paul Winteler, den Sohn von Einsteins Lehrer in Aarau. Am 28. Juli wird der zweite Sohn Eduard geboren (er starb 1965 im Nervenkrankenhaus Burghölzli in Zürich). Im Oktober schließt Einstein eine Arbeit »Zur Theorie der Opaleszenz von homogenen Flüssigkeiten und Flüssigkeitsgemischen in der Nähe des kritischen Zustands« ab, seine letzte große Arbeit zur statistischen Physik, in der er die blaue Farbe des Himmels erklärt.

1911 Er nimmt zum 1. April einen Ruf als Ordinarius für Theoretische Physik an der deutschen Universität Prag an, gibt seine Stellung in Zürich auf und siedelt mit der Familie nach Prag um. Vom 30. Oktober bis zum 4. November nimmt er am 1. Solvay-Prozeß in Brüssel teil.

1912 Einstein erneuert die Bekanntschaft mit seiner in Berlin lebenden geschiedenen Kusine Elsa Löwenthal; während seine Ehe immer angespannter wird, entwickelt sich zu ihr eine Liebesbeziehung, aus der viele seiner Briefe erhalten sind. Er nimmt einen Ruf als Professor für Theoretische Physik an der Eidgenössischen Technischen Hochschule an, gibt seine Stelle in Prag auf und zieht nach Zürich um.

1913 Im September werden Hans Albert und Eduard als orthodoxe Christen in der Nähe von Novi Sad, der Heimat Milevas, getauft. Im November wird Einstein von der Physikalisch-Mathematischen Klasse der kgl. Preußischen Akademie der Wissenschaften in Berlin als Mitglied nominiert. Ihm wird zugleich eine Forschungsprofessur ohne Lehrverpflichtungen an der Universität Berlin und die Stellung des Direktors des zu gründenden Kaiser-Wilhelm-Instituts für Physik in Berlin angeboten. Einstein akzeptiert.

1914 Im April tritt Einstein seine neue Stellung an. Mileva und die Kinder ziehen mit ihm nach Berlin, kehren aber bald nach Zürich zurück. Am 1. August bricht der 1. Weltkrieg aus.

1915 Einstein ist Mitunterzeichner eines »Manifest an die Europäer«, das sich für die Erhaltung der europäischen Kultur ausspricht, vermutlich seine erste politische Aussage. Im November vollendet Einstein seine Arbeit an der Allgemeinen Relativitätstheorie mit der Aufstellung seiner allgemein kovarianten Feldgleichung der Gravitation.

1916 Einstein veröffentlicht in den *Annalen der Physik* »Die Grundlage der Allgemeinen Relativitätstheorie« (aus der später sein erstes Buch wird). Im Mai wird er Präsident der Deutschen Physikalischen Gesellschaft. Er veröffentlicht drei Arbeiten zur Quantentheorie.

1917 Im Februar erscheint die erste Arbeit zur Kosmologie.

Während er an einem schweren Leberleiden und einem Magengeschwür erkrankt ist, wird er von Elsa versorgt. Am 1. Oktober übernimmt er die Leitung des Kaiser-Wilhelm-Instituts für Physik.

1919 Am 14. Februar Scheidung von Mileva. Der Vertrag sichert Mileva und den Kindern das Geld zu, das er bei der zu erwartenden Verleihung des Nobelpreises erhalten sollte. Am 29. Mai mißt Sir Arthur Eddington während einer Sonnenfinsternis die Lichtablenkung und bestätigt Einsteins Vorhersagen; Einstein wird damit ein berühmter Mann. Am 2. Juni heiratet er Elsa, deren zwei unverheiratete Töchter Ilse (22 Jahre) und Margot (20 Jahre) bei ihrer Mutter leben. Später in diesem Jahr weckt sein Freund Kurt Blumenfeld Einsteins Interesse für den Zionismus.

1920 Im März stirbt Einsteins Mutter Pauline in Berlin. Es kommt immer häufiger zu antisemitischen Äußerungen und zu öffentlichem Widerstand gegen die Relativitätstheorie; Einstein bekennt sich loyal zu Deutschland und interessiert sich immer mehr für nichtwissenschaftliche Belange.

1921 Im April und Mai unternimmt er seine erste Reise in die USA, wo er an der Universität Princeton vier Vorträge zur Relativitätstheorie hält und einen Ehrendoktor erhält. Danach begleitet er Chaim Weizmann auf einer Reise durch die USA, bei der um Spenden für die Hebräische Universität in Jerusalem gebeten wird.

1922 Erste Arbeit zur Einheitlichen Feldtheorie. Von November bis Dezember reist Einstein mit mehreren Zwischenaufenthalten nach Japan. Er erhält in »Würdigung der einzigartigen Beiträge zur theoretischen Physik und insbesondere für die Entdeckung des photoelektrischen Effekts« den Nobelpreis für Physik, was viele als Trostpreis sehen, weil er nicht ausdrücklich für die immer umstrittenere Relativitätstheorie verliehen wird. Die in Princeton gehaltenen Vorträge werden als *Vorlesungen über Relativitätstheorie* veröffentlicht.

1923 Besuche in Palästina und Spanien.

1924 Heirat der Stieftochter Ilse mit Rudolf Kayser.

1925 Reise nach Südamerika. Aus Solidarität mit Gandhi unterzeichnet Einstein ein Manifest gegen die allgemeine Wehrpflicht. Er wird leidenschaftlicher Pazifist und Mitglied des Verwaltungsrats der hebräischen Universität Jerusalem bis 1928.

1926 Verleihung der Goldmedaille der Royal Astronomical Society.

1927 Hans Albert Einstein heiratet Frieda Knecht.

1928 Einstein erkrankt wieder, diesmal am Herzen. Er muß vier Monate strenge Bettruhe einhalten; die Genesung dauert etwa ein Jahr. Im April wird Helena Dukas als seine Sekretärin angestellt; sie bleibt bis zu seinem Tod bei ihm.

1929 Beginn der lebenslangen Freundschaft mit Königin Elisabeth von Belgien. Im Juni erhält er die Planck-Medaille.

1930 Einsteins erstes Enkelkind, Bernhard, Sohn von Hans Albert und Frieda, wird geboren. Seine Stieftochter Margot heiratet Dmitri Marianoff (die Ehe wird später geschieden). Einstein unterzeichnet ein Manifest für die Weltabrüstung. Im Dezember Besuche in New York und Kuba und ein Aufenthalt (bis März 1931) am CalTech, der technischen Hochschule Kaliforniens.

1931 Im Mai Besuch in Oxford, dann mehrere Monate in seinem Sommerhaus in Caputh südwestlich von Berlin. Im Dezember wieder nach Pasadena.

1932 Von Januar bis März wieder Besuch am CalTech. Rückkehr nach Berlin. Er nimmt einen Ruf an das Institute for Advanced Study in Princeton an, das jedoch noch über keine eigenen Gebäude verfügt. Im Dezember wieder ein Besuch in den USA.

1933 Im Januar nationalsozialistische Machtergreifung. Einstein erklärt seinen Austritt aus der Preußischen Akademie der Wissenschaften, verzichtet auf seine deutsche Staatsbürgerschaft (er bleibt Schweizer Bürger) und erklärt öffentlich, er werde nicht mehr nach Deutschland zurückkehren. Er bleibt auf der Rückreise von den USA in Belgien und läßt sich vorübergehend in Coq-sur-Mer nieder, wo auch Ilse, Margot, Helen Dukas und Walther Mayer, sein Assistent, von Sicherheitsbeamten geschützt werden. Einstein reist von dort nach Oxford und in die Schweiz, wo er seinen Sohn Eduard zum letzten Mal sieht. Rudolf Kayser, Ilses Ehemann, schafft es, Einsteins Berliner Dokumente und Papiere nach Frankreich und schließlich in die USA senden zu lassen. Im September verläßt Einstein zusammen mit Elsa, Helena Dukas und seinem Assistenten Walther Mayer Europa und landet mit der *Westmoreland* am 17. Oktober in New York; Ilse und Margot bleiben mit ihren Ehemännern in Europa. Er veröffentlicht gemeinsam mit Sigmund Freud *Warum Krieg?* und beginnt seine Arbeit am Institute for Advanced Study, das vorübergehend in der alten Fine Hall (jetzt Jones Hall) auf dem Gelände der Universität Princeton untergebracht ist.

1934 Am 10. Juli stirbt Ilse Kayser-Einstein nach langer und schmerzhafter Krankheit. Margot und ihr Mann Dmitri ziehen nach Princeton.

1935 Einstein zieht im September in die 112 Mercer Street, Princeton, wo er, Elsa, Margot und Helena Dukas bis zu ihrem Tod wohnen.

1936 Hans Albert wird von der ETH in Zürich zum Dr. Ing. promoviert (1947 wird er Professor für Hydraulik in Berkeley). Am 20. Dezember stirbt Elsa nach langer Herz- und Nierenkrankheit.

1939 Einsteins Schwester Maja zieht zu ihrem Bruder nach Princeton. Am 2. August unterzeichnet Einstein den berühmten Brief an Präsident Roosevelt, in dem er auf die Möglichkeit der Atombombe und ihre militärische Bedeutung hinweist. In Europa bricht der 2. Weltkrieg aus.

1940 Einstein wird Bürger der USA, bleibt aber Schweizer. Ihm war vom amerikanischen Kongreß schon früher die Staatsbürgerschaft angeboten worden, er hatte aber die Einbürgerung auf die übliche Weise vorgezogen.

1941 Eintritt der USA in den 2. Weltkrieg.

1943 Einstein wird Berater der US Navy für hochexplosive Sprengstoffe.

1944 Einsteins eigenhändige Abschrift der Arbeit »Zur Elektrodynamik bewegter Körper« wird zugunsten der Kriegsleistungen für sechs Millionen Dollar versteigert.

1945 Ende des 2. Weltkriegs. Einstein wird offiziell von der Fakultät des Institute for Advanced Study emeritiert und bezieht eine Pension; er behält jedoch bis zu seinem Tode ein Arbeitszimmer im Institut.

1946 Maja ist nach einem Schlaganfall ans Bett gefesselt. Einstein übernimmt den Vorsitz des »Emergency Committee of Atomic Scientists«. Er tritt öffentlich für eine Weltregierung ein, weil er meint, nur so könne ein dauerhafter Frieden erhalten bleiben.

1948 Am 4. August stirbt Mileva in Zürich. Im Dezember wird bei Einstein ein großes Aorten-Aneurysma diagnostiziert.

1950 Einstein bestimmt in seinem Testament Otto Nathan und Helena Dukas zu seinen Nachlaßverwaltern. Er vermacht seinen schriftlichen Nachlaß (das Archiv) nach dem Tod von Nathan und Dukas der Hebräischen Universität in Jerusalem. (Es werden Anordnungen für eine frühere Überführung getroffen.)

1951 Im Juni stirbt Maja in Princeton.

1952 Einstein wird die Präsidentschaft Israels angetragen. Er lehnt ab.

1954 Einstein entwickelt hämolytische Anämie.

1955 Einstein schreibt seinen letzten signierten Brief an Bertrand Russell; darin sichert er seine Unterschrift für ein gemeinsames Manifest zu, das alle Nationen zur atomaren Abrüstung drängt. Am 13. April platzt das Aneurysma. Am 15. April wird Einstein ins Krankenhaus eingeliefert, wo er am 18. April um 1.15 Uhr an dem geplatzten arteriosklerotischen Aneurysma der abdominalen Aorta stirbt.

DIE ZITATE

Ihr feiert eine Legende, die meinen Namen trägt. Das beweist aber, daß in unserer Zeit neben dem verhängnisvollen Streben nach Macht und Luxus auch der Sinn für ewige Ziele des Menschengeistes lebendig ist. Darüber freue ich mich.

Einstein über sich selbst

In Princeton 1938. (Lotte Jacobi Archives, Universität von New Hampshire)

Un homme heureux est trop content de la présence pour penser beaucoup à l'avenir.
(Ein glücklicher Mensch ist zu zufrieden mit der Gegenwart, um sich viele Gedanken über die Zukunft zu machen.)

Geschrieben im Alter von 17 Jahren (am 18. September 1896), in einem französischen Schulaufsatz mit der Überschrift »Meine Zukunftspläne«; *CPAE*, Band 1, Dok. 22

Ich habe über unsere Zukunft folgendes beschlossen: Ich suche mir eine, wenn auch noch so ärmliche Stelle sofort. Meine wissenschaftlichen Ziele und meine persönliche Eitelkeit werden mich nicht davon abhalten, die untergeordnetste Rolle zu übernehmen.

Brief an Mileva Marić, seine spätere Frau; 7. Juli 1901. Einstein hatte Probleme, eine Anstellung zu finden; *CPAE*, Band 1, Dok. 114

Ich habe die Wandelbarkeit aller menschlichen Beziehungen kennen gelernt und mich gegen Hitze und Kälte zu isolieren gelernt, sodass das Temperaturgleichgewicht ziemlich gesichert ist.

Brief an Heinrich Zangger, 10. März 1917, Einstein-Archiv 39-680

Noch eine Art Anwendung des Relativitätsprinzips...: Heute werde ich in Deutschland als »deutscher Gelehrter«, in England als »Schweizer Jude« bezeichnet. Sollte ich aber einst in die Lage kommen, als »bête noir« präsentiert zu werden, dann wäre ich umgekehrt für die Deutschen ein »Schweizer Jude« und für die Engländer ein »deutscher Gelehrter«.

Brief an *The Times* (London), 1919, zitiert in Hoffmann, *Albert Einstein: Schöpfer und Rebell*, S. 164, auch in Pais, *Ich vertraue auf Intuition*, S. 199

Ich werde nämlich mit der Berühmtheit immer dümmer, was ja eine ganz gewöhnliche Erscheinung ist. Das Missverhältnis zwischen dem, was man ist, und dem, was die andern von einem glauben oder wenigstens sagen, ist gar zu gross. Man muß es aber mit Humor tragen.

Brief an Heinrich Zangger, Dezember 1919; auch zitiert in Dukas und Hoffmann, *Albert Einstein, the Human Side* S. 8, Einstein-Archiv 39-726

Ich sollte ursprünglich auch Techniker werden. Aber der Gedanke, die Erfindungskraft auf Dinge verwenden zu sollen, welche das werkeltätige Leben noch raffinierter machen, war mir unerträglich. Das Denken um seiner selbst willen ist wie die Musik.

Ibid.

Ich sage Dir daher, wie ich ausseh: Bleiches Gesicht, lange Haare und eine Art bescheidenes Bäuchlein. Dazu ein eckiger Gang und eine Zigarre im Maul, wenn er eine hat, und einen Federhalter in der Tasche oder in der Hand. Krumme Beine oder Warzen hat er aber nicht, ist also ganz hübsch, auch keine Haare an den Händen, wie oft häßliche Männer. Also schade, daß Du mich nicht gesehen hast.

Postkarte an seine achtjährige Kusine Elisabeth Ney, September 1920; Einstein-Archiv 36-525; auch zitiert in Dukas und Hoffmann, *Albert Einstein, the Human Side*, S. 133

Wie bei dem Mann im Märchen alles zu Gold wurde, was er berührte, so wird bei mir alles zum Zeitungsgeschrei.

Brief an Max Born, 9. September 1920, Einstein-Archiv 8-151; in Einstein-Born, *Briefwechsel 1916–1955*, S. 58

Ich persönlich empfinde den Höchstgrad des Glücksgefühls bei großen Kunstwerken. Aus ihnen schöpfe ich Geistesgüter beglückender Art von einer solchen Stärke, wie ich sie aus anderen Bereichen nicht zu gewinnen vermöchte.

1920; zitiert in Moszkowski, *Einstein*, S. 185

Ob mir das lächerlich vorkommt, diese... Aufregung der Massen über meine Theorie, von denen die Leute doch kein Wort verstehen?... Ich bin sicher, daß es das Mysterium des Nicht-Verstehens ist, was sie so anzieht... es hat die Farbe und die Anziehungskraft des Mysteriösen – und dann ist man begeistert und aufgeregt.

Aus einem Gespräch mit dem Berliner Korrespondenten des *Nieuwe Rotterdamsche Courant*, 1921; zitiert in Pais, *Ich vertraue auf Intuition*, S. 196

Wenn ein blinder Käfer auf einer Kugeloberfläche krabbelt, merkt er nicht, daß der zurückgelegte Weg gekrümmt ist. Ich hingegen hatte das Glück, es zu merken.

Auf die Frage seines Sohns Eduard, warum er so berühmt sei, 1922; zitiert in Max Flückinger, *Albert Einstein in Bern*

Gedrängt das Volk, gespitzt die Ohren
Sie sitzen alle wie verloren,
In Sinnen tief, verzückt der Blick
Ergeben in ein hart Geschick.
Der EINSTEIN an der Tafel steht,
Die Predigt rasch vom Stapel geht,
Und ISHIWARA flink und fein,
Schreibt alles in sein Büchlein ein.

Zitiert in Jun Ishiwaras Text über Einsteins Gastvortrag in Kyoto 14.12.1922

Wo ich geh und wo ich steh
stets ein Bild von mir ich seh,
Auf dem Schreibtisch, an der Wand
Um den Hals am schwarzen Band.
Männlein, Weiblein wundersam
Holen sich ein Autogramm,
Jeder muß ein Kritzel haben
Von dem hochgelehrten Knaben.

Manchmal frag in all dem Glück
Ich im lichten Augenblick:
Bist verrückt du etwa selber
Oder sind die andern Kälber?

Widmung auf einem Foto von ihm, die Cornelia Wolf, eine alte Freundin, 1927 erbeten hatte.

Zur Strafe für meine Autoritätsverachtung hat mich das Schicksal selbst zu einer Autorität gemacht.

Aphorismus für einen Freund, 18. September 1930; Einstein-Archiv 36-598; auch zitiert in Hoffmann, *Albert Einstein: Schöpfer und Rebell*, S. 31

Je suis modèle. (Ich sitze Modell)

31. Oktober 1930 zu einem Mitreisenden, der ihn nach seinem Beruf fragte. Wie die Antwort zeigt, hatte Einstein das Gefühl, immer für Bildnisse Modell sein zu müssen. Einstein-Archiv 21-006; zitiert in Hoffmann, *Albert Einstein: Schöpfer und Rebell*, S. 12

Den gewünschten Vortrag will ich gern halten, obwohl mir nicht klar ist, was ich damit leisten könnte. Neues von Interesse habe ich nicht zu sagen, und das Alte pfeifen schon alle besseren Spatzen von den Dächern.

Zitiert in Hermann, *Einstein*, S. 258

Ich bleib' beim Privatissimum,
Perhorreszier das Publikum.
Bin sonst als wie der Orgelmann,
Der nichts als drehn und drehen kann,
Bis es der Spatz vom Dache pfeift,
Und es der letzte Lump begreift.

An Graf Arco, Direktor der Telefunken, der ihn zu öffentlichem Vortrag drängte; zitiert in Hermann, *Einstein*, S. 258

Mir ist Behagen und Glück nie als Selbstzweck erschienen (ich nenne diese ethische Basis auch Ideal der Schweineherde). Meine Ideale, die mir voranleuchteten und mich mit frohem Lebensmut immer wieder erfüllten, waren Güte, Schönheit und Wahrheit.

Aus: »Wie ich die Welt sehe«, (um 1930), in *Mein Weltbild*, S. 7–10

Ich bin ein richtiger »Einspänner«, der dem Staat, der Heimat, dem Freundeskreis, ja, selbst der engeren Familie nie mit ganzem Herzen angehört hat, sondern all diesen Bindungen gegenüber ein nie sich legendes Gefühl der Fremdheit und des Bedürfnisses nach Einsamkeit empfunden hat.

Ibid.

Jeden Tag denke ich unzählige Male daran, daß mein äußeres und inneres Leben auf der Arbeit der jetzigen und der schon verstorbenen Menschen beruht, daß ich mich anstrengen muß, um zu geben im gleichen Ausmaß, wie ich empfangen habe und noch empfange.

Ibid.

Eine Ironie des Schicksals, daß die andern Menschen mir selbst viel zuviel Bewunderung und Verehrung entgegengebracht haben, ohne meine Schuld und ohne mein Verdienst.

Ibid.

Professor Einstein bittet Sie, bezüglich Ihrer Publikationen einstweilen so zu handeln, wie wenn er schon tot wäre.

Im Auftrag Einsteins von Einsteins Sekretärin Helen Dukas im März 1931 geschrieben, als er von allzu vielen Manuskripten überschwemmt wurde; Einstein-Archiv 46-487

Ich bin ... im täglichen Leben ein typischer Einspänner, aber das Bewußtsein, der unsichtbaren Gemeinschaft derjenigen anzugehören, die nach Wahrheit, Schönheit und Gerechtigkeit streben, hat das Gefühl der Vereinsamung nicht aufkommen lassen.

Aus »Mein Credo«, auf Veranlassung der »Deutschen Liga für Menschenrechte« im Herbst 1932 in Berlin auf Schallplatte aufgenommen; abgedruckt in Sugimoto, *Albert Einstein*, S. 113

Oft bedrückt mich der Gedanke, in welchem Masse mein Leben auf der Arbeit meiner Mitmenschen aufgebaut ist, und ich weiß, wieviel ich ihnen schulde.

Ibid.

* Obwohl ich versuche, in meinem Denken universal zu sein, bin ich nach Instinkt und Neigung ein Europäer.

Daily Express (London, 11. September 1933; zitiert in Holton, *Advancement of Science*, S. 126)

Die Menschen schmeicheln mir, solange ich ihnen nicht unbequem bin. Versuche ich aber, Zielen zu dienen, die ihnen unbequem sind, so gehen sie sofort zu Beschimpfungen und Verleumdungen über, um ihre Interessen zu verteidigen.

Brief an einen Friedensfreund, 1934, in *Mein Weltbild*, S. 54

Ich habe mich hier vortrefflich eingelebt, hause wie ein Bär in seiner Höhle und fühle mich eigentlich mehr zuhause als je in meinem wechselvollen Leben.

Brief an Max Born, etwa 1937, nach dem Tod von Einsteins Frau Elsa; aus Einstein–Born, *Briefwechsel 1916–1955*, S. 174

Ich möchte nicht mehr leben, wenn ich die Arbeit nicht hätte. Jedenfalls ist es gut, dass man schon alt ist und also wenigstens als Person nicht mehr mit einer fernen Zukunft zu rechnen braucht.

Brief an Michele Besso, 10. Oktober 1938, mit Bezug auf Hitlers Machtergreifung; Einstein-Archiv 7-376; in Speziali, *Correspondance*, S. 330

Ich gehöre zu den Leuten, die – vor die Alternative gebracht: gut essen *oder* gut schlafen – sich für das gut schlafen entscheiden.

An seinen Freund Gustav Bucky, 26. Juli 1943

Woher kommt es, daß mich niemand versteht und jeder mag?

Aus einem Interview, *New York Times*, 12. März 1944; zitiert in Pais, *Ich vertraue auf Intuition*, S. 285

* Ich sorge mich nie um die Zukunft. Sie kommt früh genug.

Aphorismus, 1945–46; Einstein-Archiv 36-570

Ich muß mich sehr entschuldigen, daß ich noch unter den Lebenden weile. Aber dagegen wird es jedenfalls ein Mittel geben.

Brief an Tyffany Williams, eine Schülerin, die überrascht war, daß Einstein noch lebte; Einstein-Archiv 42-612; zitiert in Einstein, *Briefe*, S. 102

Über mich sind schon massenweise so unverschämte Lügen und freie Erfindungen von Reportern erschienen, dass ich längst unterm Boden wäre, wenn ich mich darum kümmern wollte.

Brief an den Dichter Max Brod, 22. Februar 1949; Einstein-Archiv 34-066, zitiert in Einstein, *Briefe* S. 22

* Meine wissenschaftliche Arbeit wird durch ein unwiderstehliches Verlangen vorangetrieben, die Geheimnisse der Natur zu verstehen, und durch nichts sonst. Meine Gerechtigkeitsliebe und das Streben, zur Verbesserung der menschlichen Beziehungen beizutragen, haben nichts mit meinen wissenschaftlichen Interessen zu tun.

Brief an F. Lentz, 20. August 1949, in Beantwortung eines Briefs, in dem Einstein nach dem Beweggrund seiner wissenschaftlichen Arbeit gefragt wurde; Einstein-Archiv 58-418

Es ist seltsam, wenn man so allgemein bekannt und dabei einsam ist. Aber Tatsache ist, dass diese Art Popularität, wie sie bei mir sich eingestellt hat, den Betroffenen in eine Verteidigungs-Position drängt, die zur Isolierung führt.

Brief an E. Marangoni, 1. Oktober 1952; Einstein-Archiv 60-406; zitiert in Einstein, *Über den Frieden*, S. 565

Ich habe keine besondere Begabung, sondern bin nur leidenschaftlich neugierig.

Brief an Carl Seelig, 11. März 1952; Einstein-Archiv 39-013

Mein Leben lang mit objektiven Dingen beschäftigt, habe ich weder die natürliche Fähigkeit noch die Erfahrung im richtigen Verhalten zu Menschen und in der Ausübung offizieller Funktionen.

Aus Einsteins Antwort auf den Brief, in dem der israelische Botschafter in den USA, Abba Eban, anfragt, ob er der zweite Präsident Israels werden wolle; 18. November 1952; Einstein-Archiv 28-943

Früher dachte ich nicht daran, dass jedes spontan geäusserte Wort aufgegriffen und fixiert werden könne. Sonst hätte ich mich mehr ins Schneckenhaus verkrochen.

Brief an Carl Seelig vom 25. Oktober 1953; Einstein-Archiv 39-053; Einstein, *Briefe*, S. 23

Alles mögliche wird einem angedichtet, und der pfiffig erfundenen Legenden ist kein Ende. Umso mehr aber weiß ich das Echte zu würdigen und zu schätzen.

Brief an Königin Elisabeth von Belgien, 28. März 1954; Einstein-Archiv 32-410

Ich bin kein solcher Snob oder Exhibitionist, wie Sie mir zutrauen, und habe auch nichts so Wertvolles zu sagen (auf Anhieb), wie Sie zu denken scheinen.

In der Antwort auf die Bitte, einem neuen Museum in Chile eine Botschaft zu senden, die dort ausgestellt werden sollte, Mai 1954; Einstein-Archiv 60-624

Es ist überhaupt merkwürdig, ja beinahe abnormal, dass Sie auf Grund Ihrer oberflächlichen Kenntnis des Gegenstandes so sehr auf Ihr Urteil vertrauen. Ich habe leider nicht die Zeit, mich mit jedem Dilettanten zu beschäftigen.

Brief an den Zahnarzt G. Lebau, der behauptete, eine bessere Relativitätstheorie erarbeitet zu haben, 10. Juli 1954; dieser sandte Einstein den Brief mit der Bemerkung zurück: »Ich bin dreißig Jahre alt; es braucht Zeit, Demut zu lernen.«; Einstein-Archiv 60-227 und 60-230

Wäre ich noch einmal ein junger Mensch und stünde ich erneut vor der Entscheidung über den besten Weg, meinen Lebensunterhalt zu verdienen, so würde ich nicht ein Wissenschaftler, Gelehrter oder Pädagoge, sondern eher ein Klempner oder Hausierer werden wollen, in der Hoffnung, mir damit jenes bescheidene Mass von Unabhängigkeit zu sichern, das unter den heutigen Verhältnissen noch erreichbar ist.

In der Zeitschrift *The Reporter*, 18. November 1954; zitiert in Einstein, *Über den Frieden*, S. 608

Nur in der Mathematik war ich durch Selbststudium weit über dem Schulpensum, auch in bezug auf Philosophie, soweit dies mit dem Schulpensum zu tun hat.

Aus einem Brief, 1955; zitiert in Hoffmann, *Albert Einstein: Schöpfer und Rebell*, S. 27

Das Interesse für Philosophie war bei mir immer da, aber nur sekundär. Das Interesse für Naturwissenschaft beschränkt sich immer in der Hauptsache auf das prinzipielle, woraus mein Thun und Unterlassen am besten verständlich wird.

Zitiert in Pais, *Ich vertraue auf...*, S. 175

* Mir genügt es, mich über die Geheimnisse zu wundern.

Zitiert in der Einstein-Biographie der A & E-Fernsehgesellschaft, VPI International

Auch Pfeile des Hasses wurden nach mir geschossen; sie trafen mich aber nie, weil sie gewissermaßen zu einer anderen Welt gehörten, zu der ich keine Beziehungen habe.

Zitiert in »Selbstporträt«, in *Aus meinen späten Jahren*, S. 13

Dass ich die Mathematik bis zu einem gewissen Grade vernachlässigte, hatte nicht nur den Grund, dass das naturwissenschaftliche Interesse stärker war als das mathematische, sondern das folgende eigentümliche Erlebnis. Ich sah, daß die Mathematik in viele Spezialgebiete gespalten war, deren jedes diese kurze uns vergönnte Lebenszeit wegnehmen konnte. So sah ich mich in der Lage von Buridans Esel, der sich nicht für ein besonderes Bündel Heu entschliessen konnte. Dies lag offenbar daran, dass meine Intuition auf mathematischem Gebiete nicht stark genug war, um das Fundamental-Wichtige, Grundlegende sicher von dem Rest der mehr oder weniger entbehrlichen Gelehrsamkeit zu unterscheiden.

Zitiert in Schilpp, *Autobiographisches*, S. 14

* Man kann der Lobhudelei nur durch Arbeit entgehen... Es gibt nichts anderes.

Zitiert von Lincoln Barnett, in *Smithsonian*, Februar 1979, S. 74

Gott ist unerbittlich darin, wie er seine Gaben verteilt hat. Mir hat er die maultierhafte Starrnäckigkeit gegeben und sonst nichts; das heißt, die Nase hat er mir auch gegeben.

Einstein-Archiv 36-609; zitiert in Whitrow, *Einstein: The Man and His Achievement*, S. 91

Alles, was ich als junger Mensch vom Leben wünschte und erwartete, war, ruhig in einer Ecke zu sitzen und meine Arbeit zu tun, ohne von den Menschen beachtet zu werden. Und jetzt schaut bloß, was aus mir geworden ist.

Zitiert in *Hoffmann, Albert Einstein: Schöpfer und Rebell*, S. 13

* Wenn ich über mich und meine Denkweise nachdenke, komme ich fast zu dem Schluß, daß die Gabe der Phantasie für mich mehr bedeutet hat als meine Begabung, absolutes Wissen aufzunehmen.

Nach der Erinnerung eines Freundes, zitiert am 18. Februar 1979 bei einer Feier zum hundertsten Geburtstag Einsteins; in Ryan, *Einstein and the Humanities*, S. 125.

Ich habe in meinem Leben nie irgendwelche ethischen Werte gesucht.

Zitiert in Michelmore, *Albert Einstein*, S. 210

Ich habe meine Sache hier getan.

Kurz vor seinem Tod gesagt. Einstein-Archiv 39-095; zitiert in Seelig, *Helle Zeit, dunkle Zeit*, S. 86. Seine letzten Worte hat die Krankenschwester nicht verstehen können, weil sie kein Deutsch sprach.

Über Deutschland und die Deutschen

Einstein bei der Verleihung der Planck-Medaille durch Max Planck, Berlin, Juli 1929. (AIP Emilio Segré Visual Archives)

Berlin ist der Ort, an den ich durch die engsten menschlichen und wissenschaftlichen Bindungen gebunden bin.

Brief an den preußischen Unterrichtsminister, 8. September 1920; Einstein-Archiv 36-022; zitiert in Frank, *Einstein*, S. 281

Die Herren Berliner spekulieren mit mir wie mit einem prämierten Leghuhn. Aber ich weiß nicht, ob ich noch Eier legen kann.

Etwa 1911, zu seinem Ruf nach Berlin; zitiert in Hermann, *Einstein*, S. 9

Von der Ferne sieht alles schief und suspekt aus, besonders, wenn es von den verflixten Berlinern kommt! Und doch sind wir (beinahe) alle sanft wie Lämmer und verschüchtert durch unser böses Renommee!

Brief an Arnold Sommerfeld; *Einstein–Sommerfeld Briefwechsel*, S. 61

Deutschland gehörte in den letzten hundert Jahren zu den Ländern, in denen der Wohlstand im ganzen bescheiden, aber hinreichend war, die Tradition der Wertschätzung für Kulturgüter kräftig. Auf solcher Basis schuf dieses Volk kulturelle Werte, die aus der modernen Entwicklung nicht hinweggedacht werden können. Die Tradition steht im ganzen noch unversehrt da, der Wohlstand ist erschüttert.

In »Kultur und Wohlstand«, 1923; Einstein-Archiv 36-591

Die Erklärungen, welche ich der Presse gegeben habe, beziehen sich darauf, daß ich meine Stellung an der Akademie niederlegen und mein preußisches Bürgerrecht aufgeben würde; ich begründe dies damit, daß ich nicht in einem Staate leben wolle, in dem Individuen nicht gleiches Recht vor dem Gesetz sowie Freiheit des Wortes und der Lehre zugestanden wird.

Brief an die Preußische Akademie der Wissenschaften, 5. April 1933; zitiert in *Mein Weltbild*, S. 81; Einstein-Archiv 29-295

[In Ihrem Schreiben wurde] ferner bemerkt, daß ein »Zeugnis« meinerseits für »das deutsche Volk« sehr machtvoll im Ausland gewirkt haben würde. Hierauf muß ich erwidern, daß ein solches Zeugnis, wie Sie es mir zumuten, einer Verneinung aller der Anschauungen von Gerechtigkeit und Freiheit gleichgekommen wäre, für die ich mein Leben lang eingetreten bin. Ein solches Zeugnis wäre nämlich nicht, wie Sie sagen, ein Zeugnis für das deutsche Volk gewesen; es hätte sich vielmehr nur zugunsten derer auswirken können, die jene Ideen und Prinzipien zu beseitigen suchen, die dem deutschen Volk einen Ehrenplatz in der Weltzivilisation verschafft haben.

Brief an die Preußische Akademie der Wissenschaften, 12. April 1933; zitiert in *Mein Weltbild* S. 85; Einstein-Archiv 29-297

Ich kann die Passivität nicht verstehen, mit der die ganze zivilisierte Welt auf diese modernen Barbaren reagiert. Sieht die Welt nicht, daß Hitler den Krieg zum Ziel hat?

1. Oktober 1933; zitiert von einem Reporter für die Wiener *Bunte Woche*; zitiert in Pais, *Ich vertraue auf Intuition*, S. 252

Die gegen mich gerichteten Zeitungsartikel und Handlungen machen auf mich nicht den geringsten Eindruck, um so mehr aber der Niedergang und Tiefstand des allgemeinen kulturellen Niveaus, der in erster Linie in Deutschland, aber weitgehend überall zu verspüren ist.

Brief an Gustav Bucky, 15. Juli 1933

Ich fühlte mich schon als Knabe der Mentalität fremd, die in dem deutschen Staate mit seiner überspitzten militärischen Mentalität verkörpert war. Als mein Vater nach Italien zog, hat er mich auf meine Bitte hin ausgebürgert, weil ich Schweizer werden wollte.

1933; zitiert in Hoffmann, *Albert Einstein, Schöpfer und Rebell*, S. 35

Das gewesene Deutschland war eben doch eine Oase in der Wüste.

Brief an Alfred Kerr, 7. Mai 1935. Einstein hält es darin für aussichtslos, daß Kerr in den USA eine Anstellung finden könne; Einstein-Archiv 50-687

Das deutsche Volk ist durch Jahrhunderte hindurch von einer sich ewig erneuernden Schar von Schulmeistern und Unteroffizieren sowohl zu emsiger Arbeit und mancherlei Wissen als auch zu sklavischer Unterwürfigkeit und zu militärischem Drill und Grausamkeit erzogen worden.

Aus einem unveröffentlichten Manuskript 1935; zitiert in Einstein, *Über den Frieden*, S. 279

[Die Deutschen] hatten stets die Tendenz, Psychopathen knechtisch zu dienen. Es ist ihnen aber niemals so vollkommen gelungen wie gegenwärtig.

Notiz auf der Rückseite eines Briefs vom 28. Juli 1939; Einstein-Archiv 53-160

Die Deutschen sind ein durch schlechte Traditionen so übel verhunztes Volk, dass es schwer sein wird, eine Remedur durch vernünftige oder gar humane Mittel zu erreichen. Ich hoffe, sie werden sich am Ende des Krieges mit Gottes gütiger Hilfe weitgehend gegenseitig totschlagen.

Brief an Otto Juliusburger, Sommer 1942; Einstein-Archiv 38-199

Die Deutschen als ganzes Volk sind für diese Massenmorde verantwortlich und müssen als Volk dafür gestraft werden... Hinter der Nazipartei steht das deutsche Volk, das Hitler gewählt hat, nachdem er ihm seine schändlichen Absichten in nicht mißzuverstehender Form in seinem Buche und in seinen Reden allgemein bekanntgemacht hatte.

In: »Nachruf auf die Helden des Warschauer Ghettos« 1944, in Einstein, *Briefe*, S. 254

Nachdem die Deutschen meine jüdischen Brüder in Europa hingemordet haben, will ich nichts mehr mit Deutschen zu tun haben, auch nicht mit einer relativ harmlosen Akademie. Anders ist es mit den paar Einzelnen, die in dem Bereiche der Möglichkeit standhaft geblieben sind.

Brief an Arnold Sommerfeld, 14. Dezember 1946; Einstein-Archiv 21-368. (Einstein zählte zu den Einzelnen neben Arnold Sommerfeld auch Otto Hahn, Max von Laue und Max Planck.)

Die Verbrechen der Deutschen sind wirklich das Abscheulichste, was die Geschichte der sogenannten zivilisierten Nationen aufzuweisen hat. Die Haltung der deutschen Intellektuellen – als Klasse betrachtet – war nicht besser als die des Pöbels.

Brief an Otto Hahn, 26. Januar 1949; Einstein-Archiv 12-071

Über Erziehung und Lehrfreiheit

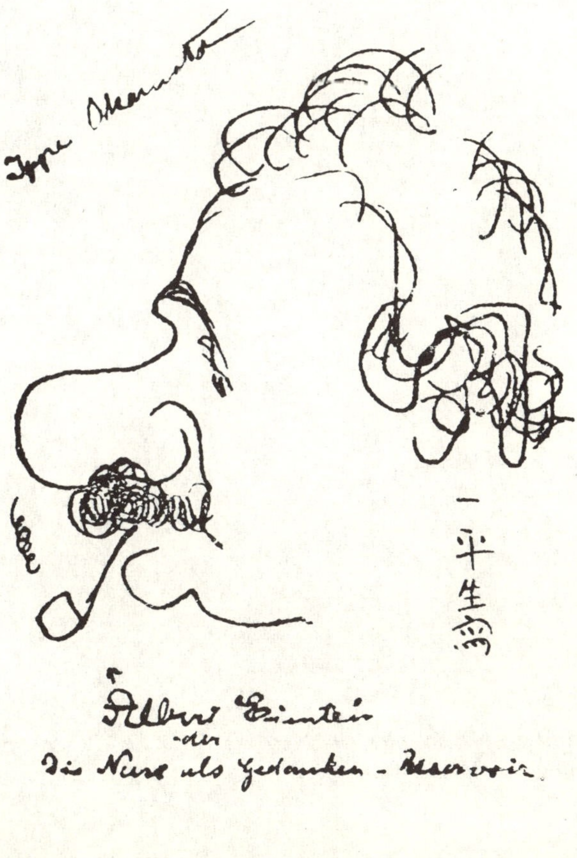

Albert Einstein oder Die Nase als Gedanken-Reservoir (Zeichnung von Ippei Okamoto. AIP)

Die Berufsneigung des Zöglings [darf] nicht außer Ansatz bleiben... zumal sich diese Neigung schon sehr früh anzukündigen pflegt, hervorgerufen durch eigene Begabung, durch Vorbilder in der Familie und durch andere Umstände, die auf die Wahl des künftigen Fachstudiums Einfluß haben.

1920; zitiert in Moszkowski, *Einstein* S. 72

Die meisten [Lehrer] vertrödeln die Zeit mit Fragen, und sie fragen, um herauszubekommen, was der Schüler *nicht* weiß; während die wahre Fragekunst sich darauf richtet, zu ermitteln, was der andere weiß oder zu wissen fähig ist.

Ibid. S. 74

Für den Menschen ist Tatsachenwissen nicht so sehr wichtig. Dazu braucht er wirklich kein Kolleg. Das kann er aus Büchern lernen. Der Wert der höheren Schulbildung liegt nicht in dem Erlernen von vielen Tatsachen, sondern in der Übung im Denken, die man durch Lehrbücher nie erlernen kann.

1921 zu Thomas Edisons Ansicht, daß höhere Schulbildung wertlos sei und es viel mehr auf das Erlernen wichtiger Tatsachen ankomme; zitiert in Frank, *Einstein*, S. 300

* Für Dich aber wird es besser sein, die Anderen erst dann zu belehren, wenn Du selbst einigermassen etwas gelernt hast.

An den zwölfjährigen Arthur Cohen, der Einstein eine Arbeit vorgelegt hatte; 26. Dezember 1928; Einstein-Archiv 25-044

Sehet im Studium nie eine Pflicht, sondern die beneidenswerte Gelegenheit, die befreiende Schönheit auf dem Gebiet des Geistes kennen zu lernen zu Eurer eigenen Freude und zugunsten der Gemeinschaft, der Euer späteres Wirken gehört.

In der Studentenzeitung *Dink*, Princeton Dezember 1933; Einstein, *Briefe*, S. 54

Demütigung bzw. geistige Unterdrückung durch verständnislose und egozentrische Lehrer tut schweren, untilgbaren Schaden im kindlichen Gemüte, der gar oft das spätere Leben verhängnisvoll beeinflußt.

Aus »In memoriam Paul Ehrenfest«, 1934, in *Aus meinen späten Jahren*, S. 206

Am schlimmsten scheint es mir zu sein, wenn eine Schule hauptsächlich mit den Mitteln von Furcht, Zwang und künstlicher Autorität arbeitet. Solche Behandlung vernichtet das gesunde Lebensgefühl, die Aufrichtigkeit und das Selbstvertrauen des Schülers.

Aus einer Rede in Albany, New York am 15. Oktober 1936, veröffentlicht als »Allgemeines über Erziehung«, in *Aus meinen späten Jahren*, S. 23–24

Das Ziel [der Erziehung] muß... die Heranbildung selbständig handelnder und denkender Individuen sein, die aber im Dienste an der Gemeinschaft ihre höchste Lebensaufgabe sehen.

Ibid., S. 22

Die Schule soll stets danach trachten, dass der junge Mensch sie als harmonische Persönlichkeit verlasse, nicht als Spezialist.

Ibid., S. 27

Wer spezielles Wissen erworben hat, muß einen lebendigen Sinn dafür bekommen, was schön und moralisch gut ist. Sonst gleicht er mehr einem wohlabgerichteten Hund als einem harmonisch entwickelten Geschöpf.

New York Times, 5. Oktober 1952; zitiert in Pais, *Ich vertraue auf Intuition*, S. 294

Freiheit der Lehre und der Meinungsäußerung in Buch und Presse [sind] das Fundament jeder gesunden geistigen Entwicklung eines Volkes.

Botschaft an eine Tagung über Meinungsfreiheit und Lehrfreiheit, 1936; zitiert in *Aus meinen späten Jahren*, S. 176

Die Verkrüppelung [der sozialen Seite in der Veranlagung der Individuen] halte ich für das größte Übel, das der »Kapitalismus« mit sich bringt. Dieses Übel macht sich schon im Erziehungswesen geltend, in welchem das junge Individuum mit einem übertriebenen kompetitiven Geist erfüllt und zur Bewunderung des acquisitiven Erfolges erzogen wird: eine Vorbereitung für das spätere Berufsleben.

Aus: »Warum Sozialismus?«, 1949, in *Aus meinen späten Jahren*, S. 194–195

* Unterricht sollte so sein, daß das Gebotene als wertvolle Gabe empfunden wird und nicht als eine harte Pflicht.

New York Times, 5. Oktober 1952

Unter »Akademischer Freiheit« verstehe ich das Recht, nach der Wahrheit zu suchen und das für wahr Gehaltene zu publizieren und zu lehren. Mit diesem Recht ist auch eine Pflicht verbunden, nämlich, nicht einen Teil des als wahr erkannten zu verschweigen. Es ist klar, dass jede Einschränkung der akademischen Freiheit dahin wirkt, die Verbreitung der Erkenntnis unter den Menschen zu behindern und dadurch vernünftiges Urteilen und Handeln zu erschweren.

Erklärung für das Notstandskomitee für Bürgerrechte, 13. März 1954; zitiert in Einstein, *Über den Frieden*, S. 248

Wichtig und unverzichtbar ist vor allem ein großes Zentrum für soziologische Studien, in dem die Wege und Mittel zum besseren Verständnis unter den Völkern erforscht werden. Man sollte eine Methode erarbeiten, um zum Beispiel Geschichte ohne die Obsessionen der Vergangenheit zu lehren. Auf diese Weise könnte der Bann des Nationalismus gebrochen werden.

Brief an James Franck, 21. Mai 1949; zitiert in Hermann, *Albert Einstein*, S. 469

Über die Familie

Mit seiner Schwester Maja 1884: »Aber wo hat es denn seine Rädchen?« (Man hatte Einstein erzählt, er könne mit dem erwarteten Geschwisterchen spielen.) (Mit freundlicher Genehmigung der Lotte Jacobi Archives, Universität von New Hampshire.)

Über oder an seine erste Frau Mileva Marić

Einstein sagte einmal, er sei siebzehn Jahre lang mit seiner ersten Frau verheiratet gewesen, habe sie aber niemals wirklich gekannt. Mileva stammte aus einer griechisch-orthodoxen serbischen Bauernfamilie. Sie war ein eher depressiver Mensch und hinkte als Folge einer Knochentuberkulose, die sie als Kind gehabt hatte, was ihre psychischen Probleme verstärkte. Sie liebte Einstein und konnte der späteren Scheidung nicht zustimmen. Ihre Verbitterung erschwerte und belastete die Beziehung zwischen Einstein und seinen Söhnen, denen er, wie seine Briefe an seinen ältesten Sohn Hans Albert belegen, gern nahe geblieben wäre. (Diese Briefe und auch die Briefe an Mileva, in denen das Paar sich bemüht, die Probleme zu lösen, die sich in bezug auf die Kinder und die Finanzen stellen, finden sich in *CPAE*, Band 8.) Einstein schreibt dazu: »Dieser tragische Zug in meinem Leben hat infolgedessen bis in mein spätes Alter sich unvermindert geltend gemacht. Es ist wohl möglich, dass diese Umstände meine Vertiefung in lebensferne Dinge besonders begünstigt haben.« (Siehe die Briefe an Carl Seelig vom 26. März und 5. Mai 1952; Einstein-Archiv 39-016 und 39-020)

Mama warf sich auf ihr Bett, verbarg den Kopf in den Kissen und weinte wie ein Kind. Als sie sich von dem ersten Schreck erholt hatte, ging sie sofort zu einer verzweifelten Offensive über: »Du vermöbelst Dir Deine Zukunft und versperrst Dir Deinen Lebensweg.« »Die kann ja in gar keine anständige Familie.« »Wenn sie ein Kind bekommt, dann hast Du die Bescherung.« Bei diesem letzten Ausbruch, dem noch mehrere vorangegangen waren, brach mir endlich die Geduld.

Brief an Mileva Marić, 29. Juli 1900, nachdem er seiner Mutter gesagt hatte, daß er und Mileva heiraten wollten; sie heirateten am 6. Januar 1903; *CPAE*, Band 1, Dok. 68

Ich sehne mich furchtbar nach einem Brief von meiner geliebten Hex. Ich kann es kaum fassen, daß wir noch so lange getrennt sind – jetzt sehe ich erst, wie furchtbar lieb ich Dich habe! Laß Dirs ja recht gut gehen, damit Du mir ein blühendes Schätzchen wirst und toll wie ein Gassenbub.

Brief an Mileva Marić, 1. August 1900, in Einstein, *Am Sonntag…*, S. 101; *CPAE*, Band 1, Dok. 69

Wie habe ich nur früher allein leben können, Du mein kleines Alles. Ohne Dich fehlt mirs an Selbstgefühl, Arbeitslust, Lebensfreude – kurz, ohne Dich ist mein Leben kein Leben.

Brief an Mileva Marić, 14.? August 1900, Einstein, *Am Sonntag…*, S. 106; *CPAE*, Band 1, Dok. 72

Meine Eltern sind sehr bekümmert wegen meiner Liebe zu Dir, Mama weint oft bittere Thränen… Meine Eltern beweinen mich fast, wie wenn ich gestorben wäre. Immer wieder jammern sie mir vor, daß ich mich durch mein Versprechen mit Dir ins Unglück gestürzt hätte.

Brief an Mileva Marić, 30. August oder 6. September 1900, Einstein, *Am Sonntag…*, S. 110; *CPAE*, Band 1, Dok. 74

Ohne den Gedanken an dich möchte ich gar nicht mehr leben im traurigen Menschengewühl. Doch Dein Besitz macht mich stolz & Deine Liebe macht mich glücklich. Doppelt seelig werde ich sein, wenn ich Dich wieder ans Herz drücken kann und Deine liebenden Augen sehen, die nur mir leuchten und Deinen lieben Mund küsse, der nur mir in Wonne gezittert.

Brief an Mileva Marić, 30. August oder 6. September 1900, Einstein, *Am Sonntag…*, S. 111; *CPAE*, Band 1, Dok. 74

Ich freu mich auch sehr auf unsere neuen Arbeiten. Du musst jetzt Deine Untersuchung fortsetzen – wie stolz werd ich sein, wenn ich gar vielleicht ein kleines Dokterlin zum Schatz hab & selbst noch ein ganz gewöhnlicher Mensch bin!

Brief an Mileva Marić, 13.? September 1900, Einstein, *Am Sonntag…*, S. 113; *CPAE*, Band 1, Dok. 75

Ich soll mich um Verdienstquellen für Dich umsehen? Ich meine, ich werde mich nach Privatstunden umsehen, die dann vielleicht Du übernehmen könntest. Oder denkst Du noch an etwas anderes? ... Was übrigens auch immer werden mag, wir kriegen das reizendste Leben von der Welt.

Brief an Mileva Marić, 19. September 1900, Einstein, *Am Sonntag...*, S. 115; *CPAE*, Band 1, Dok. 76

Wie glücklich bin ich, daß ich in Dir eine ebenbürtige Kreatur gefunden habe, die gleich kräftig und selbständig ist wie ich selbst!

Brief an Mileva Marić, 3. Oktober 1900, Einstein, *Am Sonntag...*, S. 118; *CPAE*, Band 1, Dok. 79

Du wirst sehen, wie frisch und lustig ich geworden bin und wie ich alle Stirnrunzlerei vergessen habe. Und so gern hab ich Dich wieder! Ich war nur aus Nervosität so wüst mit Dir... und sehne mich sehr danach, mein liebes gutes Doxerl wiederzusehen.

Brief an Mileva Marić, 30. April 1901, Einstein, *Am Sonntag...*, S. 130; *CPAE*, Band 1, Dok. 102

Wenn ich Dir nur von meinem Glück eingeben könnte, damit Du nie traurig und nachdenklich sein könntest.

Brief an Mileva Marić, 9. Mai 1901, Einstein, *Am Sonntag...*, S. 135; *CPAE*, Band 1, Dok. 106

(Es folgt eine Auswahl von Zitaten aus den ersten Briefen an Elsa Löwenthal, in denen Einstein über seine Ehe klagt.)

Meine Frau geht mit sehr gemischten Gefühlen [nach Berlin], weil sie die Verwandten fürchtet, vielleicht am meisten Dich (hoffentlich mit Recht!). Du kannst aber sehr wohl mit mir zusammen Dich freuen, ohne dass sie gekränkt werden braucht. Etwas, was sie nicht besitzt, wirst Du ihr nicht nehmen können.

Brief an seine Kusine Elsa Löwenthal, in die er sich verliebt hatte; August 1913; *CPAE*, Band 5, Dok. 465

Dazu kommt, dass es zuhause abscheulicher ist als je: Eisiges Schweigen.

Brief an Elsa Löwenthal, 16. Oktober 1913; *CPAE*, Band 5, Dok. 478

Glaubst Du, es sei so leicht, sich scheiden zu lassen, wenn man von der Schuld des andern Teils keinen Beweis hat? ... Andererseits behandle ich meine Frau wie eine Angestellte, der ich allerdings nicht kündigen kann. Ich habe mein eigenes Schlafzimmer und vermeide es, mit ihr allein zu sein... Ich begreife eigentlich nicht, warum Du Dich so schrecklich daran stossest. Ich bin durchaus mein eigener Herr und, wenn Du Dich mir nicht anschliessen wirst, auch meine eigene – Frau.

Brief an Elsa Löwenthal, vor dem 2. Dezember 1913; *CPAE*, Band 5, Dok. 488

[Mileva] ist eine unfreundliche humorlose Kreatur, die selbst nichts vom Leben hat und anderer Freude am Leben durch ihre blosse Anwesenheit untergräbt (malocchio!).

Brief an Elsa Löwenthal, nach dem 2. Dezember 1913; *CPAE*, Band 5, Dok. 489

Meine Frau heult mir unausgesetzt vor von Berlin und ihrer Angst vor den Verwandten. ... Meine Mutter ist sonst gutmütig, aber als Schwiegermutter ein wahrer Teufel. Wenn sie bei uns ist, dann ist alles wie von Sprengstoff erfüllt ... Aber eines ist mir klar, dass sie nämlich alle beide schuld sind an den miserablen Verhältnissen ... Kein Wunder, wenn unter diesen Verhältnissen die Liebe zur Wissenschaft gedeiht, die mich aus dem Jammerthal emporhebt in ruhige Sphären, unpersönlich und ohne Schimpfen und Jammern.

Brief an Elsa Löwenthal, nach dem 21. Dezember 1913; *CPAE*, Band 5, Dok. 497

Ich bin bereit, in unsere Wohnung zurückzukehren, weil ich die Kinder nicht verlieren will und weil ich nicht will, dass sie mich verlieren, und zwar *nur* deshalb. Von einem kameradschaftlichen Verhältnis zu Dir kann nach allem Vorgefallenen keine Rede mehr sein. Es soll ein loyales geschäftliches Verhältnis werden, das Persönliche muß auf einen kleinen Rest reduziert werden. Dafür sichere ich Dir aber ein korrektes Benehmen von meiner Seite zu, wie ich es einer fremden Frau gegenüber üben würde.

Brief an Mileva Einstein-Marić, etwa Ende April 1914 zu seinem Angebot, ihre Ehe nach seinem Umzug nach Berlin fortzusetzen, dem sie nicht zustimmte; Einstein-Archiv 75-854; auch zitiert in Highfield und Carter, *Die geheimen Leben*, S. 212-13

Ich beabsichtige nicht, die Scheidung von Dir zu verlangen, sondern nur, dass Du mit den Kindern in der Schweiz bleibst ... Ich ersuche Dich, mir alle zwei Wochen Kunde von meinen lieben Buben zu geben.

Brief an Mileva Einstein-Marić, 18. August 1914; Einstein-Archiv 75-979; auch zitiert in Highfield und Carter, *Die geheimen Leben*, S. 212–13

Mit der Trennung und der Scheidung hat sie sich innerlich nie abgefunden, und es bildete sich eine Einstellung heraus, die an das klassische Beispiel der Medea erinnert. Dadurch kam auch ein düsterer Schleier in die Beziehung zu meinen beiden Jungen, an denen ich mit großer Zärtlichkeit hing.

Über seine Frau Mileva; Brief an Carl Seelig, 5. Mai 1952; Einstein-Archiv 39-020

Über oder an seine zweite Frau, Elsa Löwenthal

Einstein begann 1912 eine Liebesbeziehung mit seiner in Berlin lebenden Kusine Elsa; er war damals noch mit Mileva verheiratet und lebte in Zürich. Die Beziehung dauerte an, nachdem die Familie 1914 nach Berlin gezogen war. Mileva kehrte bald darauf mit den Söhnen nach Zürich zurück; die Ehe wurde aber erst im Februar 1919 geschieden. Einstein heiratete Elsa im Juni 1919, obwohl er Freunden viele Jahre lang gesagt hatte, er plane keine Wiederheirat. (Siehe *CPAE*, Band 8.)

Die Briefe werde ich stets vernichten, wie Du es gewünscht hast. Den ersten habe ich bereits vernichtet.

Brief an Elsa Löwenthal, 30. April 1912, als Antwort auf ihre Bedenken wegen ihrer Beziehung; *CPAE*, Band 5, Dok. 389

Ich leide noch mehr wie Du, weil Du nur unter dem leidest, was du *nicht* hast.

Brief an Elsa Löwenthal, 7. Mai 1912, in Anspielung auf seine schwierige Frau Mileva; *CPAE*, Band 5, Dok. 39a

Ich schreibe so spät, weil ich mir ernste Gedanken mache über unser Beginnen. Ich habe das Gefühl, dass es uns beiden und andern nicht zum Guten gereicht, wenn wir uns enger aneinander anschliessen.

Brief an Elsa Löwenthal, 12. Mai 1912; *CPAE*, Band 5, Dok. 399

Ich habe jetzt jemand, an den ich mit ungetrübtem Vergnügen denken und für den ich leben kann. ... Wir werden beide aneinander haben, was uns so arg fehlte, und uns gegenseitig das Gleichgewicht und den frohen Blick in die Welt schenken.

Brief an Elsa Löwenthal, 10. Oktober 1912; *CPAE*, Band 5, Dok. 476

Wenn Du mir das schönste Gedicht noch so göttlich vortrügest, die Freude die ich dabei hätte würde an diejenige nicht heranreichen, welche ich beim Empfang der von Dir gekochten Schwammerl und Gansgrieben empfand. ... Du würdest die primitive Seite des Gemütes, die dabei herauskommt, gewiss nicht verachten, wenn auch etwas belächeln.

Brief an Elsa Löwenthal, 7. November 1913; *CPAE*, Band 5, Dok. 482

Einstein hatte aus seiner ersten Ehe zwei Söhne, Hans Albert und Eduard, und eine Tochter, von der als »Lieserl« gesprochen wurde, und aus seiner zweiten Ehe zwei Stieftöchter, Ilse und Margot. Nur Hans Albert hatte selbst Kinder. Mit Eduard, der geisteskrank in der Schweiz lebte, hatte Einstein nach seiner Emigration 1933 nur durch seinen Biographen Carl Seelig Kontakt. Er schrieb Seelig: »Sie haben sich wohl schon gewundert, warum ich mit Teddy [Eduard] nicht im Briefwechsel bin. Es liegt da eine Hemmung zu grunde, die völlig zu analysieren ich nicht fähig bin.« (Zitiert in Highfield und Carter, *Die geheimen Leben*, S. 316; Einstein-Archiv 39-060).

Lieserl wurde im Januar 1902 unehelich geboren und ist vermutlich zur Adoption freigegeben worden oder an den Nachwirkungen einer Scharlacherkrankung gestorben; sie wird nach September 1903 nie mehr erwähnt. (Siehe *CPAE*, Band 5 und Einstein, *Am Sonntag*...)

Die Geschichte mit dem Lieserl thut mir sehr leid. Es bleibt so leicht vom Scharlach etwas zurück. Wenn nur alles gut vorbeigeht. Als was ist denn das Lieserl eingetragen? Wir müssen sehr Sorge haben, daß dem Kinde nicht später Schwierigkeiten erwachsen.

Brief an Mileva Marić, 19.? September 1903; Einstein, *Am Sonntag*..., S. 166

Einsteins erste Frau, Mileva Marić, etwa 1896. (Mit freundlicher Genehmigung der Schweizerischen Landesbibliothek)

Pauline Einstein, geborene Koch, Einsteins Mutter. (Mit freundlicher Genehmigung der Hebräischen Universität von Jerusalem)

Einstein mit seiner zweiten Frau, Elsa Löwenthal, und seiner Stieftochter Margot in der Berliner Wohnung, 1929. (Ullstein Bilderdienst, Berlin)

Es ist jammerschade um den Jungen, dass er ohne Hoffnung auf eine normale Existenz sein Leben hinbringen muß. Seitdem die Insulin-Behandlung endgültig fehlgeschlagen ist, halte ich nichts mehr von medizinischem Beistand. Ich halte überhaupt wenig von dieser Zunft und finde es im Ganzen besser, die Natur unbehelligt zu lassen.

Brief an Michele Besso, 11. November 1940, über seinen Sohn Eduard; Einstein-Archiv 7-378, in Einstein–Besso, *Briefwechsel*, S. 352

Es ist mir eine Freude, einen Sohn zu haben, der die hauptsächliche Seite meines eigenen Wesens geerbt hat. Sich erheben über das blosse Dasein, indem man seine besten Kräfte durch die Jahre hindurch einem unpersönlichen Ziel hingibt. Dies ist ja das beste, ja das einzige Mittel, durch das wir uns von dem persönlichen Schicksal und von den Menschen unabhängig machen können.

Brief an Hans Albert, 1. Mai 1954; zitiert in Highfield und Carter, *Die geheimen Leben*, S. 31

Die Ehrlichkeit verlangt es zu gestehen, dass Frieda mich an Deinen 50. Geburtstag erinnert hat.

Brief an Hans Albert zu seinem fünfzigsten Geburtstag im Mai 1954; Ibid.

Wenn Margot spricht, sieht man die Blumen wachsen.

Bemerkung zur Naturliebe seiner Stieftochter; zitiert in Highfield und Carter, *Die geheimen Leben*, S. 305

Ja, aber wo hat es denn seine Rädchen?

Als dem 2 ½ jährigen 1881 die Ankunft seines Schwesterchens Maja angekündigt wurde, hatte er an eine Art Spielzeug gedacht. In »Biographische Skizze« von Maja Winteler-Einstein, in *CPAE*, Band 1, S. lvii

Meine Mutter & Schwester finde ich ein wenig engherzig & philoströs bei aller Sympathie, die ich für sie empfinde. Es ist merkwürdig, wie allmählich die Lebensweise uns ändert mit allen Tönen unserer Seele, so daß die engsten natürlichen Bande der Familie zur Gewohnheitsfreundschaft heruntersinken & man sich im Innern gegenseitig so unbegreiflich ist, dass man in keiner Weise lebendig mitfühlen kann, was das andere bewegt.

Brief an Mileva Marić, Anfang August 1899; Einstein, *Am Sonntag*..., S. 88; *CPAE*, Band 5, Dok. 50

Meine Mutter ist gestorben. Wir sind alle ganz erschöpft... Man fühlt bis in die Knochen, was die Bande des Blutes bedeuten.

Brief an Heinrich Zangger, Anfang März 1920; Einstein-Archiv 39-732; zitiert in Highfield und Carter, *Die geheimen Leben*, S. 239

Über Freunde, Wissenschaftler und andere Menschen

Mit Niels Bohr. (Aufnahme von Paul Ehrenfest. AIP Emilio Segré Visual Archives)

Über Michele Besso

Nun ist er mir auch mit dem Abschied von dieser sonderbaren Welt ein wenig vorausgegangen. Dies bedeutet nichts. Für uns gläubige Physiker hat die Scheidung zwischen Vergangenheit, Gegenwart und Zukunft nur die Bedeutung einer wenn auch hartnäckigen Illusion.

Über seinen lebenslangen Freund Michele Besso in einem Beileidsschreiben an dessen Sohn und Schwester. 21. März 1955, weniger als einen Monat vor seinem eigenen Tod; Einstein-Archiv 7-245; Speziali, *Correspondance*, S. 538

Was ich aber am meisten an ihm als Menschen bewunderte, ist der Umstand, dass er es fertig gebracht hat, viele Jahre lang nicht nur in Frieden, sondern sogar in dauernder Konkordanz mit einer Frau zu leben – ein Unterfangen, in dem ich zweimal ziemlich schmählich gescheitert bin.

Ibid.

Über Niels Bohr

Nicht oft im Leben hat mir ein Mensch durch seine blosse Gegenwart solche Freude gemacht wie Sie.

Brief an Niels Bohr, 2. Mai 1920; Einstein-Archiv 8-065

Bohr ist ein wahrhaft genialer Mensch, ein Glück, dass es so etwas überhaupt gibt. Ich habe alles Vertrauen zu seinen Gedankengängen.

Brief an Paul Ehrenfest, 4. Mai 1920; Einstein-Archiv 9-486

Bohr war hier und ich bin ebenso verliebt in ihn wie Du. Er ist ein höchst feinfühliges Kind und geht in einer Art Hypnose in dieser Welt herum.

Brief an Paul Ehrenfest, 23. März 1922; Einstein-Archiv 10-035

* Er äußert seine Meinungen wie einer, der immer sucht und niemals wie einer, der meint, die ganze Wahrheit zu besitzen.

Brief an Bill Becker, 20. März 1954; Einstein-Archiv 8-109

Über Louis Brandeis

Ich kenne keinen Zweiten, der so tiefe Geistesgaben mit so völliger Selbst-Entäußerung verbände, im stillen Dienste an der Gesamtheit den ganzen Sinn seines Daseins fände.

Brief an den ersten schwarzen Bundesrichter Louis D. Brandeis anläßlich dessen 89. Geburtstags am 10. November 1936; Einstein, *Briefe*, S. 83; Einstein-Archiv 35-046

Ich glaube auch nicht, dass Frau Curie herrschsüchtig oder sonst -süchtig ist. Sie ist eine schlichte, ehrliche Person, der ihre Pflichten und Lasten fast über den Kopf wachsen. Sie hat eine sprühende Intelligenz, ist aber trotz ihrer Leidenschaftlichkeit nicht anziehend genug, um jemandem gefährlich zu werden.

Brief an Heinrich Zangger, 7. November 1911. Einstein bezieht sich auf die angebliche Affäre mit dem verheirateten französischen Physiker Paul Langevin; *CPAE*, Band 5, Dok. 303

Ich bin Ihnen und Ihren Freunden von Herzen dankbar, dass Sie mich in diesen Tagen so eigentlich an Ihrem Leben teilnehmen liessen. Ein so schönes Zusammenleben von solchen Menschen zu sehen, das ist das Erhebendste, was ich mir denken kann. Alles erschien mir so natürlich und selbstverständlich bei Euch wie die Teile eines guten Kunstwerkes... und bitte Sie um Verzeihung für den Fall, dass Sie sich durch meine rauhe Art manchmal unangenehm berührt fühlten.

Brief an Marie Curie, 3. April 1913; *CPAE*, Band 5, Dok. 435

Frau Curie ist sehr intelligent, aber eine Häringseele, das heisst arm an jeglicher Art Freude und Schmerz. Ihr fast einziger Gefühlsausdruck ist das Schimpfen über Dinge, die sie nicht mag. Und eine Tochter hat sie, die ist noch ärger, wie ein Grenadier. Diese ist ebenfalls sehr begabt.

Brief an Elsa Löwenthal, 11? August 1913; *CPAE*, Band 5, Dok. 465

Sie war von einer Stärke und Lauterkeit des Willens, von einer Härte gegen sich selbst, von einer Objektivität und Unbestechlichkeit des Urteils, die selten in einem Menschen vereinigt sind. ... Hatte sie einen Weg für richtig erkannt, so verfolgte sie ihn ohne Kompromisse mit äußerster Zähigkeit.

In memoriam Marie Curie, bei der Feier im Roerich Museum, New York, am 23. November 1935; zitiert in *Aus meinen späten Jahren*, S. 207–08; Einstein-Archiv 5-142

Über Paul Ehrenfest

Er fühlte sich [trotz seiner großen Erfolge und Verdienste] unglücklicher als alle anderen, die mir näher getreten sind. Dies kam daher, daß er sich der hohen ihm gestellten Aufgabe nicht gewachsen fühlte. Das objektiv unberechtigte Gefühl der Insuffizienz plagte ihn beständig, raubte ihm oft die Ruhe für stille Arbeit. ... Die stärkste Beziehung seines Lebens war die zu seiner Frau und Arbeitsgenossin, einer ihm geistig ebenbürtigen, ungewöhnlich starken und gefestigten Persönlichkeit. ... Er dankte es ihr mit einer Verehrung und Liebe, wie ich sie nicht oft im Leben gesehen habe.

In memoriam Paul Ehrenfest, nach dessen Selbstmord 1934; zitiert in *Aus meinen späten Jahren*, S. 205–06

Über Michael Faraday

Dieser Mann liebte die rätselhafte Natur wie ein Liebhaber die ferne Geliebte. Es gab noch nicht das öde Spezialistentum, das mit Hornbrille und Dünkel die Poesie zerstört.

Brief an Gertrud Warschauer, 27. Dezember 1952; Einstein-Archiv 39-517

Über Sigmund Freud

Der Alte hat aber scharf gesehen, er hat sich durch keine Illusion einlullen lassen – außer manchmal durch ein übertriebenes Vertrauen in die eigenen Einfälle.

Brief an A. Bacharach, 25. Juli 1949; Einstein-Archiv 57-629; zitiert in Pais, *Ich vertraue auf Intuition*, S. 247

Über Galilei

Das – leider – ist Eitelkeit! Man findet sie bei so vielen Wissenschaftlern. Wissen Sie, der Gedanke, daß Galilei das Werk Keplers nicht anerkannt hat, hat mir immer weh getan.

An I. Bernard Cohen, April 1955; zitiert in French, *Einstein*, S. 109

Über Gandhi

Ein Führer seines Volkes ohne äußere Macht, ein Politiker, dessen Erfolge weder auf Schlauheit noch auf technischen Tricks, sondern einfach auf der Überzeugungskraft seiner Persönlichkeit beruhen, ein erfolgreicher Kämpfer, der jedes Mittel der Gewalt verschmähte, ein Demütiger und Weiser voll Tatkraft und unbeugsamer Konsequenz, der all seine Kräfte der Verbesserung des Loses und der Veredelung seines Volkes gewidmet hat. Einer, der der Brutalität der Europäer die Würde wahrer Menschlichkeit entgegengestellt hat und dabei stets der Überlegene geblieben ist.

Ein späteres Geschlecht wird es vielleicht kaum glauben können, daß so einer als ein Geschöpf aus Fleisch und Bein wirklich auf dieser Erde gewandelt ist.

Erklärung zu Gandhis siebzigstem Geburtstag 1939, in *Aus meinen späten Jahren*, S. 216–17

Ich glaube, daß Gandhi unter allen Politikern unserer Zeit die klügsten Ansichten vertreten hat. Wir sollten danach streben, in seinem Geiste zu handeln: im Kampf für unsere Sache auf Gewalt verzichten und uns an nichts beteiligen, was wir für unrecht halten.

New York Times, 19. Juni 1950; zitiert in Pais, *Ich vertraue auf Intuition*, S. 150

Gandhi, der größte politische Genius unserer Zeit, hat den Weg gewiesen und gezeigt, welcher Opfer Menschen fähig sind, wenn sie den richtigen Weg erkannt haben.

Aus »Zur Abschaffung der Kriegsgefahr«, 20. September 1952, in *Mein Weltbild*, S. 47

Gandhis Entwicklung [war] von einer Kombination aussergewöhnlicher intellektueller und moralischer Kräfte, politischer Klugheit und einmaliger Zeitumstände bestimmt.

1953; zitiert in Einstein, *Über den Frieden*, S. 589

Über Goethe

Ich bewundere Goethe als einzigartigen Dichter und als einen der klügsten und weisesten Männer aller Zeiten. Auch seine wissenschaftlichen Gedanken verdienen alle Hochachtung, und seine Irrtümer sind die eines grossen Mannes.

Brief an L. Caspar, 9. April 1932; Einstein-Archiv 49-380

Ich spüre eine gewisse Herablassung gegen den Leser in seiner geistigen Haltung, einen gewissen Mangel an dienender Ergebenheit, die gerade bei grossen Menschen so wohltuend wirkt.

Ibid.

Über Hitler

Da erschien in Hitler einer von den Armen im Geiste, unbrauchbar für jegliche Arbeit, erfüllt von Neid und Erbitterung gegen alle, die von Natur und Schicksal mehr begünstigt erschienen als er. ... Solche verzweifelten Existenzen las er auf der Strasse und im Wirtshause auf, scharte sie um sich. So wurde er zum Politiker.

Aus einem unveröffentlichten Manuskript, 1935; zitiert in Einstein, *Über den Frieden*, S. 279

Über Heike Kamerlingh-Onnes

Es ist hier ein Menschenleben vollendet, das den folgenden Generationen Vorbild bleiben wird. Herzliche Gesinnung gegen die Menschen und seltene Arbeitsfreude und Arbeitskraft waren ihm gegeben und er gab sich ganz und freudig dem Dienste der Sache hin. Kaum einen Menschen habe ich gekannt, bei dem Pflicht und Freude so eins war wie bei ihm. Daraus kam die frohe Harmonie, die von ihm ausging.

Brief an die Witwe des holländischen Physikers Heike Kamerlingh-Onnes, 25. Februar 1926; Einstein-Archiv 14-389

Über Kant

Das Wichtigste an seiner Philosophie scheint mir zu sein, daß sie von apriorischen Begriffen beim Aufbau der Wissenschaft spricht.

Bei einer Diskussion in der Societé Française de Philosophie, Juli 1922, in *Bulletin Societé Française de Philosophie* 22 (1922), S. 91; zitiert in Pais, *Ich vertraue auf Intuition*, S. 166

Kant, von der Unentbehrlichkeit gewisser Begriff durchdrungen, hielt sie – so wie sie gewählt sind – für nötige Prämissen jeglichen Denkens und unterschied sie von den Begriffen empirischen Ursprungs.

In Schilpp, *Autobiographisches*, S. 5

Über Kepler

Kepler gehörte... zu den wenigen, die überhaupt nicht anders können, als auf jedem Gebiet offen für ihre Überzeugungen einzustehen... Sein Lebenswerk war nur möglich, wenn es ihm gelang, sich weitgehend von der geistigen Tradition freizumachen, in die er hineingeboren war. ...Er spricht nicht darüber, aber der innere Kampf spiegelt sich in den Briefen.

Aus dem Vorwort zu Keplers Briefen, Carola Baumgardt, Hg., 1951 *(Johannes Kepler, Life and Letters)*; zitiert in *Aus meinen späten Jahren*, S. 224-25

Über Paul Langevin

Wenn er Frau Curie liebt & sie ihn – dann brauchen sie nicht durchzugehen, weil sie in Paris Gelegenheit genug haben, einander zu treffen. Ich habe aber gar nicht den Eindruck bekommen, dass zwischen ihnen etwas besonderes schwebe, sondern alle drei in harmloser Vergnüglichkeit angetroffen.

Brief an Heinrich Zangger, 7. November 1911, zu den Gerüchten um die Beziehung zwischen dem französischen Physiker und Marie Curie; *CPAE*, Band 5, Dok. 303

Es gibt so wenige in einer Generation, in denen klare Einsicht in das Wesen der Dinge mit intensivem Gefühl für die Forderungen wahrer Menschlichkeit und mit der Fähigkeit tatkräftigen Wirkens vereinigt ist. Wenn ein solcher Mensch von uns geht, dann entsteht eine Lücke, die den Überlebenden unerträglich erscheint. ... Der Wunsch, den Menschen zu einem glücklicheren Dasein zu verhelfen, war in ihm vielleicht noch stärker als sein Sehnen nach reiner intellektueller Erkenntnis. So kam es, daß... niemand leer bei ihm ausging, der an sein soziales Gewissen appellierte.

Aus: »In memoriam Paul Langevin«, 1947; zitiert in *Aus meinen späten Jahren*, S. 219

Vom Tode Langevins hatte ich schon erfahren. Er war mir einer der Liebsten, ein wahrer Heiliger und dabei hochbegabt. Es ist wahr, dass die Politiker seine Güte ausgenützt haben, indem er nicht imstande war, niedere Motive zu durchschauen, die ihm so fremd waren.

Brief an Maurice Solovine, 9. April 1947; Einstein-Archiv 21-259; in Speziali, *Correspondance*, S. 99

Über Lenin und Engels

Ausserhalb Rußlands werden Lenin und Engels natürlich nicht als wissenschaftliche Denker angesehen, und niemand mag daran interessiert sein, sie zu widerlegen. Das mag auch innerhalb Rußlands gelten, doch darf man da nicht wagen, das zu sagen.

Brief an K. R. Leistner, 8. September 1932; Einstein-Archiv 50-877

Über H.A. Lorentz

Lorentz ist ein Wunder von Intelligenz und feinem Takt. Ein lebendiges Kunstwerk! Er ist nach meiner Meinung immer noch der intelligenteste unter den anwesenden Theoretikern gewesen.

Brief an Heinrich Zangger, November 1911, über den von Einstein geliebten und verehrten holländischen Physiker; *CPAE*, Band 5, Dok. 305

Mein Gefühl geistiger Inferiorität Ihnen gegenüber kann die grosse Freude an solchen Gesprächen nicht trüben, zumal die väterliche Güte, die Sie allen Menschen entgegenbringen, ein Gefühl des Gedrücktseins nicht aufkommen lässt.

Brief an Lorentz vom 18. Februar 1912; *CPAE*, Band 5, Dok. 360

Wie er die Physik und die mathematische Form beherrschte, so beherrschte er auch sich selbst, ohne Mühe und in steter Gelassenheit. Sein ganz ungewöhnlicher Mangel an menschlichen Schwächen wirkte niemals niederdrückend auf die Mitmenschen. ... Denn obwohl er die Menschen und die menschlichen Verhältnisse klar durchschaute, hatte er doch für alle und alles ein gütiges Wohlwollen.

In memoriam H. A. Lorentz; zitiert in *Aus meinen späten Jahren*, S. 230

Die Leute sind sich gar nicht darüber im Klaren, wie groß der Einfluß von Lorentz auf die Entwicklung der Physik gewesen ist. Wir können uns gar nicht vorstellen, wie alles gelaufen wäre, hätte Lorentz nicht so viele Beiträge geleistet.

Zitiert von Robert Shankland; in French, *Einstein*, S. 107

Über Ernst Mach

Bei ihm war die unmittelbare Freude am Sehen und Begreifen, Spinozas amor dei intellectualis, so stark vorherrschend, daß er bis ins hohe Alter hinein mit den neugierigen Augen des Kindes in die Welt guckte, um sich wunschlos am Verstehen der Zusammenhänge zu erfreuen.

Nachruf auf den Philosophen, dessen Kritik an Newton für Einsteins Entwicklung der allgemeinen Relativitätstheorie eine wichtige Rolle spielte; Mach selbst stand der Theorie kritisch gegenüber. In *Physikalische Zeitschrift*, 1. April 1914; *CPAE*, Band 6, Dok. 29

Autant Mach fut un bon mécanicien autant il fut un déplorable philosophe. (Mach war als Physiker so gut wie er als Philosoph erbärmlich war.)

Zitiert in *Bulletin Societé Française de Philosophie* 22 (1922), siehe auch *CPAE*, Band 6, Dok. 29, n. 6

Über Michelson

Ich denke an Michelson immer als an den Künstler in der Wissenschaft. Größte Freude scheinen ihm die Schönheit des Experiments selbst und die Eleganz der dabei angewandten Methoden bereitet zu haben.

Zitiert von Robert Shankland, 17. September 1953; Michelson half, Einsteins allgemeine Relativitätstheorie experimentell zu begründen; Einstein-Archiv 17-203, auch in French, *Einstein*, S. 107

Über Newton

* Seine großen und klaren Gedanken werden für alle Zeit ihre einzigartige Bedeutung behalten, weil sie in der ganzen Naturphilosophie Grundlage der Begriffsbildung sind.

In *The Times* (London), 28. November 1919

Als die allergrößten Schöpfer betrachte ich Galilei und Newton, die man gewissermaßen als eine Einheit aufzufassen hat. Und in dieser Einheit bedeutet Newton den Vollender der gewaltigsten Geistestat im Bereiche unserer Wissenschaft.

1920; zitiert in Moszkowski, *Einstein*, S. 52

* Er vereinte in einer Person den Experimentator, den Theoretiker, den Physiker und, nicht zu letzte, den Künstler.

Aus der »Einleitung« zu Newton, *Opticks*, (McGraw-Hill, 1932)

Newton, ... du fandest den einzigen Weg, der zu deiner Zeit für einen Menschen von höchster Denk- und Gestaltungskraft eben noch möglich war. Die Begriffe, die du schufst, sind auch jetzt noch führend in unserem physikalischen Denken, obwohl wir nun wissen, daß sie durch andere ersetzt werden müssen, wenn wir ein tieferes Begreifen der Zusammenhänge anstreben.

Zitiert in Schilpp, *Albert Einstein*, S. 12

Newton war der erste, dem es gelang, eine klar formulierte Basis zu finden, aus welcher er ein weites Feld von Phänomenen durch mathematisches Denken folgerichtig, quantitativ und im Einklang mit der Erfahrung deduzieren konnte.

Zum 300. Geburtstag Isaac Newtons, *Manchester Guardian*; Weihnachten 1942; zitiert in *Aus meinen späten Jahren*, S. 209

Über Emmy Noether

Beim Empfang der neuen Arbeit von Frl. Noether empfinde ich es wieder als grosse Ungerechtigkeit, dass man ihr die venia legendi vorenthält. Ich wäre sehr dafür, dass wir beim Ministerium einen energischen Schritt unternähmen.

Brief an Felix Klein vom 27. Dezember 1918 über die hervorragende Mathematikerin, der die Universität Göttingen die Lehrerlaubnis vorenthielt, weil sie eine Frau war.

Es imponiert mir, dass man diese Dinge von so allgemeinem Standpunkt übersehen kann. Es hätte den Göttinger Feldgrauen nicht geschadet, wenn sie zu Frl. Nöther in die Schule geschickt worden wären. Sie scheint ihr Handwerk gut zu verstehen!

Brief an David Hilbert, 24. Mai 1918; Einstein-Archiv 13-125

*Nach Meinung der meisten kompetenten lebenden Mathematiker war Fräulein Noether das bedeutendste schöpferische mathematische Genie, das hervorgebracht wurde, seit Frauen die höhere Bildung zugestanden wird.

Brief an die *New York Times* anläßlich des Todes von Emmy Noether am 4. Mai 1935

Über Planck

Wie anders und besser stände es um die Menschenwelt, wenn mehr von seiner Eigenart unter den Führenden sein würden. So scheint es aber nicht sein zu können; die edlen Charactere müssen in jeder Zeit und allenthalben isoliert bleiben, ohne das Treiben äusserlich beeinflussen zu können.

Brief an die Witwe von Max Planck, 10. November 1947; Einstein-Archiv 19-406

Sein Blick war auf die ewigen Dinge gerichtet, und er nahm doch Anteil an allem, was der menschlichen und zeitlichen Sphäre angehörte.

Ibid.

Wem es vergönnt war, der Menschheit einen großen schöpferischen Gedanken zu schenken, der hat es nicht nötig, von der Nachwelt gepriesen zu werden. Denn ihm ward Höheres zuteil durch seine eigene Tat.

In memoriam Max Planck, 1948, in *Aus meinen späten Jahren*, S. 220

Über Franklin D. Roosevelt

Wann auch immer dieser Mann von uns genommen worden wäre, hätten wir es als einen unersetzlichen Verlust empfunden... Möge sein Einfluß auf die Gedanken und Gesinnungen der Menschen ein dauernder sein.

Erklärung nach dem Tod des Präsidenten in *Aufbau*, New York, 27. April 1945. (Nach Aussage der *New York Times* vom 19. August 1946 war Einstein sicher, daß Roosevelt die Bombardierung von Hiroshima mit Atombomben verboten hätte, wenn er gelebt hätte. Einstein hatte den Präsidenten im März 1945 in einem Brief vor den verheerenden Auswirkungen der Bombe gewarnt; der Präsident starb, bevor er Gelegenheit hatte, den Brief zu lesen.)

Ich bedaure so sehr, daß Roosevelt Präsident ist – sonst würde ich ihn viel öfter besuchen.

In einem Brief an Frida Bucky; zitiert in *The Jewish Quarterly* 15, Nr. 4 (Winter 1967–68), S. 34

Über Bertrand Russell

Die Klarheit, Sicherheit und Unparteilichkeit, mit der Sie die logischen, philosophischen und menschlichen Dinge in Ihren Büchern behandeln, steht nicht nur in unserer Generation unerreicht dar.

Brief an Russell, 14. Oktober 1931; Einstein-Archiv 33-155, 75-544; auch zitiert in Grüning, *Ein Haus für Albert Einstein*, S. 369

Grosse Geister haben stets heftige Gegnerschaft in den Mittelmäßigen gefunden. Dieser Verstand kann den Mann nicht verstehen, der sich weigert, blind herkömmliche Vorurteile zu übernehmen und statt dessen seine Meinung lieber mutig und ehrlich vertritt.

Zu den Auseinandersetzungen zur Berufung Russells an die City University of New York; zitiert in *New York Times*, 19. März 1940; zitiert in Einstein, *Über den Frieden*, S. 323

Über Albert Schweitzer

Er ist nach meiner Meinung der einzige Mensch in der westlichen Welt, der eine mit Gandhi vergleichbare übernationale moralische Wirkung auf diese Generation gehabt hat. Wie bei Gandhi beruht die Stärke dieser Wirkung überwiegend in dem Beispiel, das er durch sein praktisches Lebenswerk gegeben hat.

Unveröffentlichte Aussage, 1953; zitiert in *Mein Weltbild*, S. 187

Über Spinoza

Spinoza ist einer der tiefsten und reinsten Menschen, welche unser jüdisches Volk hervorgebracht hat.

In einem Brief, 1946; zitiert in Dürrenmatt, *Albert Einstein: Ein Vortrag*, S. 22

Über Tolstoi

Tolstoi bleibt in vieler Hinsicht der größte Prophet unserer Zeit... Niemand in der heutigen Welt verfügt über eine so tiefe Einsicht und moralische Macht.

Aus einem Interview »Der Friede muß erkämpft werden«, in *Survey Graphic*, August 1934; zitiert in Einstein, *Über den Frieden*, S. 277

Über Weizmann

Es muß nicht leicht sein, der Auserwählte des auserwählten Volkes zu sein.

Brief an Weizmann, 27. Oktober 1923; Einstein-Archiv 33-366

Über Juden, Israel, Judentum und Zionismus

Mit dem israelischen Premierminister David Ben-Gurion, Princeton 1951. (AIP Emilio Segré Visual Archives)

Ich gehe gar nicht gern nach Amerika, sondern tue es nur im Interesse der Zionisten, die für die Bildungsanstalten in Jerusalem Dollars erbetteln müssen, wobei ich als Renommierbonze und Lockvogel dienen muß. ... Andererseits tue ich, was ich nur kann, für meine Stammesbrüder, die überall so gemein behandelt werden.

Brief an Maurice Solovine, 8. März 1921, in Speziali, *Correspondance*, S. 41

Dann hinunter zur Tempelmauer (Klagemauer), wo stumpfsinnige Stammesbrüder laut beten, mit dem Gesicht der Mauer zugewandt, den Körper in wiegender Bewegung vor und zurück beugend. Kläglicher Anblick von Menschen mit Vergangenheit ohne Gegenwart.

Über seinen Besuch an der Klagemauer in Jerusalem, 3. Februar 1923, aus seinem Reisetagebuch; Einstein-Archiv 29-129 bis 29-131

Wenn wir den Weg ehrlicher Kooperation und ehrlichen Paktierens mit den Arabern nicht finden werden, so haben wir auf unserem zweitausendjährigen Leidensweg nichts gelernt und verdienen das Schicksal, das uns treffen wird.

Brief an Chaim Weizmann, 25. November 1929; Einstein-Archiv 33-411

* Die Juden haben bewiesen, daß in der Geschichte der Intellekt die beste Waffe ist... Es ist unsere Pflicht als Juden, der Welt unsere vieltausendjährige, sorgenvolle Erfahrung mitzuteilen und, wie es den ethischen Traditionen unserer Vorväter entspricht, im Verein mit den edelsten Elementen aller kulturellen und religiösen Kreise Soldaten im Kampf für den Frieden zu werden.

Aus einer Rede vor einem jüdischen Kongreß in Berlin, 1929; zitiert in Frank, *Einstein*, S. 156.

* Die jüdische Religion ist... eine Form der Sublimierung der alltäglichen Existenz... Sie fordert von ihren Anhängern keinen Glaubensakt im üblichen Sinn. Und deshalb hat es für uns niemals einen Konflikt zwischen der religiösen und der naturwissenschaftlichen Weltanschauung gegeben.

In *Forum* 83 (1930), S. 373

* Ich habe mich immer über die unwürdigen Bemühungen und Bestrebungen um Anpassung geärgert, die ich in so vielen meiner [jüdischen] Freunde beobachtet habe... Diese und ähnliche Vorfälle haben in mir nationale jüdische Gefühle geweckt.

In *Über Zionismus*, 1931

Judentum ist kein Glaube. Der jüdische Gott ist nur eine Verneinung des Aberglaubens, ein Phantasieersatz für dessen Beseitigung. Es ist auch ein Versuch, das Moralgesetz auf Furcht zu gründen, ein bedauernswerter unrühmlicher Versuch. Doch scheint mir, daß die starke moralische Tradition im jüdischen Volke sich weitgehend von dieser Furcht losgelöst hat. Auch ist deutlich, daß »Gott dienen« mit »dem Lebendigen dienen« gleichgesetzt wird. Dafür haben die Besten des jüdischen Volkes, im besonderen die Propheten und Jesus, unermüdlich gekämpft.

Aus »Gibt es eine jüdische Weltanschauung?«; in *Mein Weltbild*, S. 90; s. a. Dukas/Hoffmann, S. 61, zur Erklärung

Streben nach Erkenntnis um ihrer selbst willen, an Fanatismus grenzende Liebe zur Gerechtigkeit und Streben nach persönlicher Selbständigkeit – das sind die Motive der Tradition des jüdischen Volkes, die mich meine Zugehörigkeit zu ihm als ein Geschenk des Himmels empfinden lassen.

Aus »Jüdische Ideale«; in *Mein Weltbild*, S. 89

Ich bin für den Zionismus, weil dies die einzige Bestrebung ist, welche die Juden auf der ganzen Welt zu vereinen vermag. Wie weit die Juden eine Rassengemeinschaft sind, ist ohne Interesse. Sicher ist, dass sie eine Schicksalsgemeinschaft sind und dass sie der gegenseitigen Hilfeleistung dringend bedürfen. Ich bin kein Nationalist und wünsche keine Benachteiligung der Araber in Palästina. Die jüdische Einwanderung in Palästina in den praktisch in Betracht kommenden Grenzen kann niemand zu Schaden gereichen. Sie braucht auf keine historischen Ansprüche gegründet zu werden.

An Edward M. Freed, Caputh, 11. 7. 1932;
zitiert in Grüning, *Ein Haus für Einstein*, S. 402

* Es gibt keine deutschen Juden, es gibt keine russischen Juden, es gibt keine amerikanischen Juden. Sie unterscheiden sich nur durch ihre Umgangssprache. Es gibt wirklich nur Juden.

Zitiert in *Aufbau* (New York), 16. März 1979

* Der intellektuelle Abstieg, der durch schalen Materialismus bewirkt wurde, stellt für das Überleben des Juden eine viel größere Bedrohung dar als die zahlreichen äußeren Feinde, die seine Existenz mit Gewalt bedrohen.

New York Times, 8. Juni 1936

* Ich würde viel lieber eine vernünftige Übereinkunft mit den Arabern auf der Grundlage friedlichen Zusammenlebens sehen als die Erschaffung eines jüdischen Staats.

Aus einer Rede vor dem National Labor Committee für Palästina am 17. April 1938 in New York.

* Das Judentum schuldet dem Zionismus großen Dank. Die zionistische Bewegung hat das Gemeinschaftsgefühl der Juden belebt. Sie hat in Palästina produktive Arbeit geleistet…, zu der aufopfernde Juden in aller Welt beigetragen haben… Insbesondere war es möglich, einen nicht unbeträchtlichen Teil unserer Jugend einem Leben froher und kreativer Arbeit zuzuführen.

Ibid.

* Meinem Gefühl für das Wesen des Judentums widerspricht der Gedanke eines jüdischen Staates mit Grenzen, einer Armee und säkularen Machtmitteln.… Ich fürchte den inneren Schaden, den das Judentum dann erleidet… insbesondere durch die Entwicklung eines engen Nationalismus in unseren Reihen, gegen den wir schon ohne einen jüdischen Staat schwer zu kämpfen hatten… Eine Rückkehr zu einer Nation im politischen Sinn des Wortes wäre gleichbedeutend mit einer Abwendung von der Vergeistigung unserer Gemeinschaft, wie wir sie unseren Propheten schulden.

Ibid.

Zwar sind die Juden als Gruppe ohnmächtig, aber die Summe der Leistungen ihrer individuellen Mitglieder ist allenthalben erheblich und wirkungsvoll, obwohl diese Leistungen unter erschwerenden Bedingungen zustande kommen.

Aus »Antisemitismus«, 1938; in *Aus meinen späten Jahren*, S. 247

Für die Nazi-Gruppe sind die Juden nicht *nur* ein Mittel, den Groll des Volkes von sich selbst, den Unterdrückern, abzulenken. Sie sehen in den Juden auch ein nichtassimilierbares Element, das nicht zu kritiklosem Glauben gebracht werden kann und deshalb... die Autorität der Nazi-Gruppe durch Aufklärung der Massen bedroht.

Ibid.

Was die Juden verbindet und seit Jahrtausenden verbunden hat, ist in erster Linie das demokratische Ideal der sozialen Gerechtigkeit und die Idee der Pflicht zur gegenseitigen Hilfe und Duldsamkeit aller Menschen untereinander.

Ibid., S. 245

[Zionismus ist] ein Nationalismus, der nicht nach Macht, sondern nach Würde und Gesundung strebt. Wenn wir nicht unter intoleranten, engherzigen und gewalttätigen Menschen leben müßten, wäre ich der erste, der jeden Nationalismus zugunsten des universalen Menschentums verwerfen würde.

In »Über die Notwendigkeit des Zionismus«, 1944; in *Mein Weltbild*, S. 104

* Der Zionismus hat die deutschen Juden fast gar nicht vor der Vernichtung schützen können. Aber er gab den Überlebenden die innere Stärke, das Unheil mit Würde durchzustehen und die gesunde Selbstachtung nicht zu verlieren.

An einen anti-zionistischen Juden, Januar 1946. Dukas und Hoffmann, *Albert Einstein, the Human Side*, S. 64

Das weise und mässige Verhalten der führenden Männer des neuen Staates gibt mir die Zuversicht, dass allmählich eine gegründete Beziehung zu dem arabischen Volke erreicht werden wird; dies ist ja der einzige Weg, auf dem beide Völker der übrigen Welt gegenüber wirkliche Selbständigkeit erlangen können.

Botschaft an die Hebräische Universität in Jerusalem anläßlich der Verleihung der Ehrendoktorwürde; 15. März 1949; Einstein-Archiv 28-854

Die Universität [ist heute] eine Stätte freien Forschens und Lehrens und froher kameradschaftlicher Arbeit. Sie steht da auf von unserem Volke mühsam befreitem Boden als geistiges Zentrum einer blühenden, von Zuversicht getragenen Gemeinschaft, deren Leistungen in der ganzen Welt endlich die wohlverdiente Anerkennung gefunden haben.

Ibid.

Das Ziel des Kampfes der Juden in Palästina war nicht politische Unabhängigkeit um der Unabhängigkeit willen, sondern freie Einwanderung von in ihrer Existenz bedrohten Juden vieler Länder, freie Einwanderung überhaupt für alle jene, die sich nach einem Leben unter ihresgleichen sehnten. Es ist keine Übertreibung zu sagen, der Kampf ging um die Möglichkeit, ein in der Geschichte wohl einmaliges Opfer zu bringen.

Aus einer Radiosendung für die Konferenz des United Jewish Appeal, Atlantic City, 27. November 1949; Einstein-Archiv 58-904

*Die Hauptsorge des jüdischen Volkes ist die Bewahrung ihres kulturellen Erbes. Es würde uns heute als Volk nicht geben, wenn es nicht dieses ununterbrochene Lernen gegeben hätte.

Zitiert in *New York Times*, 11. Mai 1950

Die Beziehung zum jüdischen Volke [ist] meine stärkste menschliche Bindung geworden..., seitdem ich über unsere prekäre Situation unter den Völkern volle Klarheit erlangt habe.

An Abba Eban, 18. November 1952; Einstein-Archiv 48-943

*Damit der junge Staat wirkliche Unabhängigkeit erreicht und bewahrt, muß es eine Gruppe von Intellektuellen und Fachleuten geben, die im Lande selbst ausgebildet werden.

Zitiert in *New York Times*, 25. Mai 1953

Israel ist das einzige Fleckchen Erde, auf dem es Juden möglich ist, das öffentliche Leben nach ihren überkommenen Idealen zu gestalten.

Botschaft an eine Planungskonferenz amerikanischer Förderer der Hebräischen Universität, 19. September 1954; Einstein-Archiv 28-1052

Unsere Haltung zu unserer arabischen Minderheit ist der wahre Prüfstein unseres moralischen Standards.

Zitiert in Einstein, *Über den Frieden*, S. 632

* Nur wenn wir [Juden] den Mut haben, uns selbst als eine Nation zu sehen, nur wenn wir uns selbst achten, können wir die Achtung anderer gewinnen.

Zitiert in Hoffmann, »Einstein und Zionismus«, S. 237

* Das Herz sagt ja, aber der Verstand sagt nein.

Antwort auf einen Ruf an die Hebräische Universität in Jerusalem; ibid., S. 241

Der Zionismus stellt wirklich ein neues jüdisches Ideal dar, das dem jüdischen Volk wieder Freude an seiner Existenz geben kann… Ich bin sehr froh, Weizmanns Einladung Folge geleistet zu haben.

Brief an Paul Ehrenfest, 18. Juni 1921; Einstein, *Briefe*, S. 60

* Wenn ich Präsident wäre, würde ich dem israelischen Volk manchmal Dinge sagen müssen, die die Menschen nicht gern hören würden.

Zu Margot Einstein nach seiner Entscheidung, nicht Präsident von Israel zu werden; zitiert in Sayen, *Einstein in America*, S. 247

Über Krieg und Frieden, die Atombombe und das Militär

Mit Robert Oppenheimer. (International Communication Agency. AIP Emilio Segré Visual Archives)

Die schlimmste Ausgeburt des Herdenwesens... das mir verhaßte Militär..., diesen Schandfleck der Zivilisation sollte man so schnell wie möglich zum Verschwinden bringen. Heldentum auf Kommando, sinnlose Gewalttat und die leidige Vaterländerei, wie glühend hasse ich sie, wie gemein und verächtlich erscheint mir der Krieg; ich möchte mich lieber in Stücke schlagen lassen, als mich an einem so elenden Tun beteiligen!

Aus »Wie ich die Welt sehe«; in *Mein Weltbild*, S. 8

Krieg ist kein Gesellschaftsspiel, bei dem sich die Planer brav an Regeln halten. Wenn es um Sein oder Nichtsein geht, werden Regeln und Verpflichtungen machtlos! Nur die bedingungslose Abkehr vom Krieg überhaupt kann da helfen.

Aus einer Ansprache vor der Abrüstungsversammlung deutscher pazifistischer Studenten, etwa 1930; in *Mein Weltbild*, S. 48

* Wir müssen unser Leben dem Austrocknen der Kriegsquellen widmen: der Rüstungsfabriken.

In einem Interview, 23. Mai 1932; veröffentlicht in *Pictorial Review*, Februar 1933

[Die Frage ist:] Gibt es einen Weg, die Menschen von dem Verhängnis des Krieges zu befreien? Die Einsicht, dass diese Frage durch die Fortschritte der Technik zu einer Existenzfrage für die zivilisierte Menschheit geworden ist, ist ziemlich allgemein durchgedrungen, und trotzdem sind die heissen Bemühungen um ihre Lösung bisher in erschreckendem Masse gescheitert.

Offener Brief an Sigmund Freud, 30. Juli 1932; veröffentlicht in Freud – Einstein, *Briefe*; zitiert in Einstein, *Über den Frieden*, S. 204

Wer den Krieg wirklich abschaffen will, muß mit Entschiedenheit dafür eintreten, daß der eigene Staat zugunsten internationaler Institutionen auf einen Teil seiner Souveränität verzichtet; er muß bereit sein, den eigenen Staat im Falle irgendeines Konfliktes dem Schiedsspruch eines internationalen Gerichtes zu unterwerfen.

Aus »Amerika und die Abrüstungskonferenz von 1932«; in *Mein Weltbild*, S. 62

Denn solange es Heere gibt, wird jeder ernstere Konflikt auch zum Kriege führen. Ein Pazifismus, der die Rüstungen der Staaten nicht aktiv bekämpft, ist und bleibt ohnmächtig.

In *Mein Weltbild*, S. 96

[Die Wahrscheinlichkeit, in der Praxis Materie in Energie umzuwandeln] ist genau so, als würde man im Dunkeln auf Vögel schiessen, und zwar in einem Land, wo es kaum Vögel gibt.

Bemerkung auf einer Pressekonferenz 1935, drei Jahre vor der ersten erfolgreichen Kernspaltung; zitiert in Einstein, *Über den Frieden*, S. 306

Unglaubliches hat nun Europa in seinem Wahn begonnen. In solcher Zeit sieht man, welch trauriger Viehgattung man angehört.

Zitiert in Hermann, *Einstein*, S. 213

Es scheint mir unwürdig einer grossen Nation, der mit zynischer Verachtung des Rechtes ins Werk gesetzten Vernichtung kleiner, aber kulturell hochstehender Staaten untätig zuzusehen.

Aus einer Botschaft an ein Friedenstreffen in New York, 5. April 1938; zitiert in Einstein, *Über den Frieden*, S. 294

Einige ... neue Arbeiten von E. Fermi und L. Szilard lassen mich annehmen, dass das Element Uran in absehbarer Zeit in eine neue wichtige Energiequelle verwandelt werden könnte. Gewisse Aspekte der Situation scheinen die Aufmerksamkeit der Regierung und, wenn nötig, rasche Aktion zu erfordern.

Aus einem Brief an Präsident Franklin D. Roosevelt, 2. August 1939, der zur Bereitstellung von Geldern für die Entwicklung der Atombombe führte; der Brief war von Szilard aufgesetzt und von Einstein unterzeichnet worden; Einstein-Archiv 33-088; der volle Text ist abgedruckt in Einstein, *Über den Frieden*, S. 309 ff

Das neue Phänomen [die Atomenergie] würde auch zum Bau von Bomben führen ... Eine einzige Bombe dieser Art, auf einem Schiff befördert oder in einem Hafen explodiert, könnte unter Umständen den ganzen Hafen und Teile der umliegenden Gebiete völlig vernichten. Möglicherweise würden solche Bomben infolge ihres Gewichts den Transport auf dem Luftweg ausschließen.

Ibid.

Gegen organisierte Macht gibt es nur organisierte Macht; ich sehe kein anderes Mittel, so sehr ich es auch bedauere.

Brief an einen pazifistischen Studenten, 14. Juli 1941; zitiert in Einstein, *Über den Frieden*, S. 330

Ich habe [an der Entwicklung der Atombombe] nicht mitgearbeitet, nicht im geringsten.

Zitiert in *New York Times*, 12. August 1945; auch in Pais, *Ich vertraue auf Intuition*, S. 281

Solange die Nationen auf unbeschränkter Souveränität beharren, werden wir unzweifelhaft immer grössere Kriege erleben, die mit immer grösseren und technologisch fortgeschritteneren Waffen geführt werden.

Brief an Robert Hutchins, 10. September 1945; zitiert in Einstein, *Über den Frieden*, S. 337

Die Entfesselung der Atomenergie hat kein neues Problem geschaffen. Sie hat lediglich die Notwendigkeit der Lösung eines bereits vorher bestehenden Problems noch akuter gemacht.

Aus *Atlantic Monthly*, November 1945; zitiert in Einstein, *Über den Frieden*, S. 357–63

Ich glaube nicht, dass das Geheimnis der Bombe den Vereinten Nationen oder der Sowjetunion anvertraut werden sollte. ... Ob ich die Tyrannei einer Weltregierung fürchte? Natürlich! Aber meine Furcht vor einem neuen Krieg ist noch grösser. Jede Regierung ist in einer gewissen Weise vom Übel. Aber eine Weltregierung ist dem weit grösseren Übel der Kriege vorzuziehen.

Ibid.; zitiert in Pais, *Ich vertraue auf Intuition*, S. 297

Ich betrachte mich nicht als den Vater der Auslösung der Atomenergie. Mein Anteil daran war ein sehr indirekter. Ja, ich hätte nicht geglaubt, dass die Kernspaltung zu meinen Lebzeiten verwirklicht werden würde. Das geschah durch die zufällige Entdeckung der Kettenreaktion – ein Phänomen, das ich nicht voraussehen konnte.

Ibid.; zitiert in Einstein, *Über den Frieden*, S. 360

Ich glaube nicht, dass die Zivilisation durch einen Krieg mit Atomwaffen ausgelöscht würde. Vielleicht würden zwei Drittel der Erdbevölkerung getötet. Aber es blieben genug geistig fähige Menschen und genügend Bücher für einen Neuanfang übrig, und die Zivilisation könnte wiederhergestellt werden.

Ibid.; zitiert in Pais, *Ich vertraue auf Intuition*, S. 297

* Ich sage nicht, daß die USA die Bombe nicht herstellen oder bereithalten sollte, denn ich glaube, daß das nötig ist; Amerika muß andere Nationen, die ebenfalls über die Bombe verfügen, davon abhalten können, einen Atomkrieg zu beginnen.

Ibid.

Da ich nicht voraussagen kann, dass die Atomenergie sich in der unmittelbaren Zukunft als Segen für die Welt herausstellen wird, muss ich sagen, dass sie im Augenblick eine Gefahr darstellt. Diese mag die Menschheit jedoch in einem solchen Ausmass einschüchtern und bedrücken, dass die Menschen dazu gezwungen werden, Ordnung in ihre internationalen Beziehungen zu bringen, was ohne die überwältigende Macht der Angst zweifellos nicht geschehen würde.

Ibid.; zitiert in Pais, *Ich vertraue auf Intuition*, S. 362

Der Krieg ist gewonnen – aber nicht der Friede.

Aus »Der Krieg ist gewonnen – nicht aber der Friede«, 1945, Botschaft an die Nobel-Gedenkfeier in New York, 19. Dezember 1945; zitiert *Aus meinen späten Jahren*, S. 134

Nichtbeteiligung in militärischen Angelegenheiten sollte für alle richtigen Forscher ein wesentlicher Teil ihrer moralischen Grundsätze sein, das heisst für alle, die sich mit reiner Theorie beschäftigen.

20. Januar 1947; zitiert in Einstein, *Über den Frieden*, S. 411

*Es ist für den Militärgeist typisch, daß nichtmenschliche Faktoren (Atombomben, strategische Faktoren, Waffen aller Arten, der Besitz von Rohstoffen) für wesentlich gehalten wird, während der Mensch, seine Wünsche und Gedanken – kurz die psychologischen Faktoren – als unwichtig und sekundär gesehen werden. ... Das Individuum wird zu »Menschenmaterial« abgewertet.

Aus *American Scholar*, Sommer 1947

Sobald der Glaube an die Allmacht physischer Gewalt das Leben einer Nation beherrscht, emanzipiert sich diese Kraft, wird zum Selbstzweck und wird mächtiger als jene Männer, die sie als Werkzeug benützen wollen.

Rede anläßlich der Verleihung des Eine-Welt-Preises am 27. April 1948; in »Die Gefahr der Aufrüstung«; zitiert in *Aus meinen späten Jahren*, S. 165

Wir Wissenschaftler, die das traurige Schicksal haben, an der Entwicklung noch grausamerer und wirkungsvollerer Mittel der Vernichtung mitgearbeitet zu haben, müssen es als unsere oberste und heiligste Pflicht betrachten, alles in unseren Kräften Stehende zu tun, um die Anwendung dieser Waffen für die unmenschlichen Zwecke, für die sie erdacht worden sind, zu verhindern.

Zitiert in *New York Times*, 29. August 1948; zitiert in Pais, *Ich vertraue auf Intuition*, S. 304

* Die Verantwortung liegt bei jenen, die diese neuen Werkzeuge benutzen und nicht bei jenen, die zum Fortschritt des Wissens beitragen, also bei den Politikern, nicht bei den Wissenschaftlern.

Aus einem Gespräch mit dem Studenten Milton James, Februar 1949; Einstein-Archiv 58-014

Solange die Sicherheit in der nationalen Aufrüstung gesucht wird, dürfte kein Land zum Verzicht auf eine Waffe bereit sein, die im Fall eines Krieges den Sieg verspricht. Nach meiner Meinung ist Sicherheit nur durch den Verzicht auf jeglichen nationalen militärischen Schutz erreichbar.

Brief an Jacques Hadamard, 29. Dezember 1949; Einstein-Archiv 12-064; zitiert in Einstein, *Über den Frieden*, S. 515

Ist [die beschleunigte Entwicklung der Wasserstoffbombe] erfolgreich, so bringt sie die radioaktive Verseuchung der Atmosphäre und damit die Vernichtung alles Lebendigen auf der Erde in den Bereich des technisch Möglichen.

Aus einem Beitrag zu einer Fernsehsendung von Eleanor Roosevelt über die Wirkung der Wasserstoffbombe, 13. Februar 1950; zitiert in *Mein Weltbild*, S. 77

Die Entdeckung einer atomistischen Kettenreaktion braucht den Menschen so wenig Vernichtung zu bringen wie die Erfindung der Zündhölzer. Wir müssen nur all das tun, was den Mißbrauch der Mittel beseitigt.

Aus »Zur Sicherung des Menschengeschlechtes«, einem Beitrag zu einer »Kanadischen Erziehungswoche«, März 1952; Einstein-Archiv 28-934

Töten im Krieg ist nach meiner Auffassung um nichts besser als gewöhnlicher Mord.

In der japanischen Zeitschrift *Kaizo*, Herbst 1952; zitiert in *Aus meinen späten Jahren*, S. 168

* Die erste Atombombe hat mehr zerstört als die Stadt Hiroshima. Sie zertrümmerte auch unsere ererbten, veralteten politischen Gedanken.

Eine von Einstein mitunterzeichnete Aussage; zitiert in *New York Times*, 12. Juni 1953

Keine Spur einer Möglichkeit von technischen Implikationen war sichtbar.

Brief an Jules Isaac, 28. Februar 1955, in dem Einstein den Gedanken zurückweist, daß seine spezielle Relativitätstheorie für die Kernspaltung und die Atombombe verantwortlich war. (Die Kernspaltung, die Otto Hahn und Fritz Strassmann im Dezember 1938 in Berlin gelang, setzt die Kenntnis der von James Chadwick 1932 entdeckten Neutronen voraus; zitiert in Einstein, *Über den Frieden*, S. 616

Vor uns liegt, wenn wir es nur wollen, die Möglichkeit ununterbrochenen Fortschrittes zu Glück, Wissen, Weisheit. Sollen wir statt dessen den Tod wählen, weil wir unsere Streitereien nicht vergessen können? Als Menschen rufen wir die Menschen auf: denkt an euer Menschentum – und vergesst alles andere.

Die letzte von Einstein unterschriebene Botschaft, die er gemeinsam mit Bertrand Russell eine Woche vor seinem Tod veröffentlichte; 11. April 1955; Einstein-Archiv 33-212; zitiert in Einstein, *Über den Frieden*, S. 630

Wenn ich gewußt hätte, daß es den Deutschen nicht gelingen würde, die Atombombe zu konstruieren, hätte ich mich von allem ferngehalten.

Zitiert in Vallentin, *Das Drama Albert Einsteins*, S. 262

* Die Freisetzung der Atomkraft hat alles verändert außer unserer Denkweise, und deshalb treiben wir auf Katastrophen zu, die nicht ihresgleichen haben.

Zitiert in *New York Times Magazine*, 2. August 1964

* Ich habe in meinem Leben einen großen Fehler gemacht – als ich den Brief an Präsident Roosevelt unterzeichnete, in dem ich mich für den Bau der Atombombe aussprach. Aber vielleicht kann man mir verzeihen, weil wir alle das Gefühl hatten, daß die Deutschen an diesem Problem arbeiten und Erfolg haben könnten und die Atombombe einsetzen würden, um die Herrenrasse zu werden.

Brief an Linus Pauling, von Pauling in seinem Tagebuch aufgezeichnet; zitiert in der A&E Television Einstein-Biographie und ebenfalls von Ted Morgan in *FDR* (New York: Simon and Schuster, 1985)

Über das Leben

Karikatur von George Schreiber 1935. (Universität von Texas in Austin, Harry Ransom Humanities Research Center)

* Was nichts kostet, ist nichts wert.

Aphorismus, 20. Juni 1927; Einstein-Archiv 36-582

Auch glaube ich, daß ein schlichtes und anspruchsloses äußeres Leben für jeden gut ist, für Körper und Geist.

Aus »Wie ich die Welt sehe«; in *Mein Weltbild*, S. 7

Nur ein für andere gelebtes Leben ist lebenswert.

Antwort auf eine Frage der Herausgeber einer jüdischen Jugendzeitschrift; zitiert in der *New York Times*, 20. Juni 1932; Einstein-Archiv 60-492

Seltsam erscheint unsere Lage auf dieser Erde. Jeder von uns erscheint da unfreiwillig und ungebeten zu kurzem Aufenthalt, ohne zu wissen, warum und wozu.

Aus »Mein Credo«, 1932, für die »Deutsche Liga für Menschenrechte«, in Sugimoto, *Albert Einstein*, S. 113

Leben des Individuums hat nur Sinn im Dienst der Verschönerung und Veredelung des Lebens alles Lebendigen. Leben ist heilig, d. h. der höchste Wert, von dem alle Wertungen abhängen.

Aus »Gibt es eine jüdische Weltanschauung«; in *Mein Weltbild*, S. 90

Wenn aber der Gang des Alltäglichen, Erwarteten unterbrochen wird, bemerken wir, daß wir sind wie Schiffbrüchige, die im offenen Meer auf einer elenden Planke balanzieren und vergessen haben, woher sie kommen, und nicht wissen, wohin sie treiben.

Brief an ein Ehepaar, das den unerwarteten Tod eines Kindes oder Enkels beklagte, 26. April 1945; Einstein-Archiv 56-852, Dukas und Hoffmann, *Albert Einstein, the Human Side*, S. 145

Wir müssen zu erkennen suchen, was an der überkommenen Tradition dem Glücke und der Würde schädlich ist, und wir müssen versuchen, uns im Leben demgemäß zu verhalten.

Aus »Gleiches Recht für Alle«, 1946, Ansprache an der Lincoln Universität anläßlich der Verleihung der Ehrendoktorwürde; in *Aus meinen späten Jahren*, S. 181–182

Die besten Dinge im Leben sind nicht die, die man für Geld bekommt.

Aphorismus, 1946; Einstein-Archiv 36-576

Nur wer nicht sucht, ist vor Irrtum sicher.

Brief an Gustav Bucky, etwa 1945

* Ein Leben, das vor allem auf die Erfüllung persönlicher Bedürfnisse ausgerichtet ist, führt früher oder später zu bitterer Enttäuschung.

Brief an L. Lee, 16. Januar 1954; Einstein-Archiv 60-235

Jede Erinnerung ist gefärbt durch das jetzige So-Sein, also durch einen trügerischen Blickpunkt.

Zitiert in Schilpp, *Albert Einstein*, S. 3

Wenn du ein glückliches Leben leben willst, verbinde es mit einem Ziel, nicht aber mit Menschen oder Dingen.

Zitiert von Ernst Straus in French, *Einstein*, S. 98

Über die Menschheit

Zeichnung von Sidney Harris. (© 1989 Sidney Harris, aus Einstein Simplified, *Rutgers University Press)*

Die Kinder benutzen nicht die Lebenserfahrungen der Eltern, die Nationen kehren sich nicht um die Geschichte. Die schlechten Erfahrungen müssen immer wieder aufs Neue gemacht werden.

Aphorismus, 12. Oktober 1923; Einstein-Archiv 36-589

Ich selber werde nie durch das Meer, sondern nur durch die Menschen seekrank. Ich fürchte aber, dass die Wissenschaft diesem Übel gegenüber noch hilflos dasteht.

Brief an den Arzneimittelhersteller Schering-Kahlbaum, der Einstein ein Mittel gegen Seekrankheit zugesandt hatte, 28. November 1931; Einstein-Archiv 36-531

Freude an der Freude und Leid am Leid des Anderen, das sind die besten Führer der Menschen.

Brief an Valentine Bulgakov, 4. November 1931; Einstein-Archiv 45-702

* Der wahre Wert eines Menschen bestimmt sich vor allem daraus, wie weit er Freiheit von sich selbst errungen hat.

Aus *Mein Weltbild*, Juni 1932; Einstein-Archiv 60-492

Das europäische Menschheits-Ideal scheint in der Tat unlösbar verknüpft mit freier Meinungsäußerung, einem gewissen Maß von freier Willensbestimmung des Individuums, Streben nach Objektivität des Denkens ohne Rücksicht auf bloße Zweckmäßigkeit und Begünstigung der geistigen und geschmacklichen Differenzierung.

Aus »Über die Prinzipien der individuellen Freiheit«, 1934; in *Aus meinen späten Jahren*, S. 173

Man kann einer Katze das Vogelfangen nicht abgewöhnen.

Brief an Florence Schneller, 9. März 1936; Einstein-Archiv 51-756

Gemeinsame Überzeugungen und Ziele, gleichartige Interessen werden immer und in jeder Gesellschaft Gruppen hervorbringen, die in gewissem Sinne einheitlich wirken. Zwischen solchen Gruppen gibt es immer Reibungen, Abneigungen und Rivalitäten wie auch zwischen Individuen selbst... Meiner Meinung nach wäre Uniformität in einer Bevölkerung nicht wünschenswert, auch wenn sie erreichbar wäre.

Aus »Antisemitismus«, 1938; in *Aus meinen späten Jahren*, S. 243

* Es ist für Menschen besser, wenn sie wie die Tiere sind... sie sollten sich mehr auf ihr Gefühl verlassen; sie sollten sich dessen, was sie tun, nicht zu bewußt sein, während sie es tun.

Aus einer Unterhaltung, die von Algernon Black aufgezeichnet wurde, Herbst 1940; Einstein-Archiv 54-834

* Wir müssen unser Bestes tun. Das ist unsere heilige menschliche Verantwortung.

Ibid.

Zu wahrer menschlicher Größe gibt es nur einen Weg – den durch die Schule des Leidens.

Leserbrief zu einem Artikel *Warum ich Neger bleibe* von Walter White, dem Sekretär der »National Association for the Advancement of the Colored People«, der sich seiner hellen Hautfarbe wegen als Weißer hätte registrieren lassen können, Oktober 1947; Einstein, *Briefe*, S. 83; Einstein-Archiv 59-009

Wir alle zehren von der Arbeit unserer Mitmenschen, und wir müssen ehrlich dafür bezahlen, nicht nur mit Arbeit, die wir zu unserer inneren Befriedigung gewählt haben, sondern auch durch Arbeit, die der allgemeinen Meinung nach unsern Mitmenschen dient. Sonst wird man ein Parasit, was für bescheidene Ansprüche man auch haben mag.

Brief an einen mittellosen Mann, der sein Leben mit Forschung verbringen wollte und von Einstein eine finanzielle Unterstützung erbat, 28. Juli 1953; Einstein, *Briefe*, S. 56; Einstein-Archiv 59-180

Ich bewundere Ihre praktische Lebensweisheit. Denn um des günstigen Respons der Menschen möglichst sicher zu sein, ist es besser, ihrem Magen etwas zu bieten als ihrem Gehirn.

Brief an den Schokoladenfabrikanten Manners, 19. März 1954; Einstein-Archiv 60-401

* Schon immer beruhten die meisten menschlichen Handlungen auf Angst oder Sturheit.

Brief an E. Mulder, April 1954; Einstein-Archiv 60-609

Über Naturwissenschaft, Mathematik und Technik

Mit H. A. Lorentz und Sir Arthur Eddington, vermutlich in Leyden, 1923. (AIP Emilio Segré Visual Archives)

$E=mc^2$

Diese Gleichung konstatiert die Äquivalenz von Masse und Energie – Energie ist gleich Masse multipliziert mit dem Quadrat der Lichtgeschwindigkeit. Sie eröffnete das Atomzeitalter. In ihrer Urform lautete die Aussage: Gibt ein Körper die Energie *L* in Form von Strahlung ab, so verkleinert sich seine Masse um L/V^2 (siehe *CPAE*, Band 2, Dok. 24, S. 314, »Ist die Trägheit eines Körpers von seinem Energieinhalt abhängig?«) und wurde zuerst in *Annalen der Physik* 18 (1905), S. 639–641 veröffentlicht. Sie besagt, daß Masse und Energie verschiedene Manifestationen derselben Sache sind – eine für den normalen Menschen recht ungewöhnliche Vorstellung. Wie die Gleichung zeigt, kann eine sehr kleine Masse in sehr viel Energie umgewandelt werden (d. h., ein von einem Atom freigesetztes Teilchen enthält viel Energie); dies ist eine grundlegende physikalische Beziehung. Einsteins Theorie führte auch eine neue Definition von Raum und Zeit ein.

Eine relativ zu einem Bezugssystem mit der Geschwindigkeit v gleichförmig bewegte Uhr geht von diesem Bezugssystem aus beurteilt im Verhältnis $1 : \sqrt{1-\frac{v^2}{c^2}}$ langsamer als die nämliche Uhr, falls sie relativ zu jenem Bezugssystem ruht.

Aus »Über das Relativitätsprinzip und die aus ihm gezogenen Folgerungen«; *CPAE*, Band 2, Dok. 47, S. 443, *Jahrbuch der Radioaktivität und Elektronik*, Band 4, 1907, S. 411–462

[Wir setzen voraus, daß] sich das Licht im leeren Raume stets mit einer bestimmten, vom Bewegungszustande des emittierenden Körpers unabhängigen Geschwindigkeit *V* fortpflanze.

»Zur Elektrodynamik bewegter Körper«, Band 2, Dok. 23; *Annalen der Physik* 17 (1905), S. 276–77

Infolge meines glücklichen Einfalles, das Relativitätsprinzip in die Physik einzuführen, überschätzen Sie (und andere) meine wissenschaftlichen Fähigkeiten ausserordentlich, sodass es mir etwas unheimlich dabei wird.

Brief an Arnold Sommerfeld, 14. Januar 1908; *CPAE*, Band 5, Dok. 73

Die Leute, denen es vergönnt ist, zum Fortschritt der Wissenschaft etwas beizutragen, sollten sich die Freude über die Früchte gemeinsamer Arbeit nicht durch solche Dinge trüben lassen.

Brief an Johannes Stark, 22. Februar 1908; *CPAE*, Band 5, Dok. 88

Je mehr Erfolge die Quantentheorie hat, desto dümmer sieht sie aus.

Brief an Heinrich Zangger, 20. Mai 1912; *CPAE*, Band 5, Dok. 398

Ich komme nicht zum Schreiben, weil ich mit wirklich grossen Dingen beschäftigt bin. Tag und Nacht grüble ich an der Vertiefung der Dinge, die ich in den letzten zwei Jahren allmählich gefunden habe und die einen unerhörten Fortschritt in den Grundproblemen der Physik bedeuten.

Brief an Elsa Löwenthal, Februar 1914, über seine Arbeit an einer Erweiterung seiner Gravitationstheorie, deren erste Fassung ein halbes Jahr zuvor veröffentlicht worden war; *CPAE*, Band 5, Dok. 509

Der Gefühlszustand, der zu solchen Leistungen befähigt, ist dem des Religiösen oder Verliebten ähnlich; das tägliche Streben entspricht keinem Vorsatz oder Programm, sondern einem unmittelbaren Bedürfnis.

Aus »Prinzipien der Forschung«, Rede zum 60. Geburtstag von Max Planck; in *Mein Weltbild*, S. 109

Zunächst glaube ich mit Schopenhauer, daß eines der stärksten Motive, die zur Kunst und Wissenschaft hinführen, eine Flucht ist aus dem Alltagsleben mit seiner schmerzlichen Rauheit und trostlosen Öde, fort aus den Fesseln der ewig wechselnden eigenen Wünsche. Es treibt die feiner Besaiteten aus dem persönlichen Dasein heraus in die Welt des objektiven Schauens und Verstehens.

Ibid., S. 108

Ich habe schon wieder was verbrochen in der Gravitationstheorie, was mich ein wenig in Gefahr setzt, in einem Tollhaus interniert zu werden. Hoffentlich habt Ihr keines…

Brief an Paul Ehrenfest, 4. Februar 1917

Da könnt mir halt der liebe Gott leid tun. Die Theorie stimmt doch.

Antwort auf die Frage einer Studentin, wie er reagiert hätte, wenn seine allgemeine Relativitätstheorie nicht empirisch bestätigt worden wäre; zitiert in Pais, *Ich vertraue auf Intuition*, S. 154

Es ist meine innere Überzeugung, daß die Entwicklung der Wissenschaften sich in der Hauptsache auf die Bedürfnisse der reinen Erkenntnis gründet.

1920; Moszkowski, *Einstein*, S. 173

Der Ausdruck »Entdeckung« an sich muß bemängelt werden. Denn Entdeckung ist gleich dem Gewahrwerden einer Sache, die schon an sich fertig vorgebildet vorliegt: Damit verknüpft ist der Beweis, der schon nicht mehr den Charakter der Entdeckung trägt, sondern eventuell des Mittels, das zur Entdeckung führt.

Ibid., S. 100

Der Forscher fühlt sich dann dem noch nicht Erkannten gegenüber wie ein Kind, das der Erwachsenen überlegenes Walten zu begreifen sucht.

Ibid., S. 58

Insofern die Geometrie sicher ist, sagt sie nichts über die wirkliche Welt aus, und insofern sie über unsere Erfahrung etwas aussagt, ist sie nicht sicher.

Aus einem Festvortrag vor der Preußischen Akademie der Wissenschaften, 27. Januar 1921; zitiert in Frank, *Einstein*, S. 291

Raffiniert ist der Herr Gott, aber boshaft ist Er nicht.

Einstein äußerte diese Bemerkung vermutlich erstmals im Mai 1921 im Gespräch mit Oscar Veblen, Professor der Mathematik an der Universität Princeton, wo er eine Reihe von Vorlesungen hielt, nachdem er gehört hatte, daß ein Versuchsergebnis, falls es wahr wäre, seiner Gravitationstheorie widersprechen würde. Vermutlich meinte Einstein damit, daß die Natur ihre Geheimnisse verbirgt, weil sie raffiniert ist, oder auch, daß die Natur mutwillig sei, aber nicht hinterlistig. Der Ausspruch wurde in den Kaminsims des Fakultätszimmers 202 der heutigen Jones Hall eingemeißelt (sie hieß bis zur Fertigstellung des gleichnamigen neuen Mathematikgebäudes Fine Hall).

Oft zitiert, beispielsweise in Pais, *Raffiniert ist der Herr...*, Frank, *Einstein* und Hoffmann, *Albert Einstein: Schöpfer und Rebell*

*Ich habe noch einmal darüber nachgedacht. Vielleicht ist Gott doch boshaft.

Zu Valentine Bargmann; Einstein meinte damit, daß wir gelegentlich glauben, etwas verstanden zu haben, das wir in Wirklichkeit noch nicht annähernd verstanden haben; zitiert in Sayen, *Einstein in America*, S. 51

Die Natur verbirgt ihr Geheimnis durch die Erhabenheit ihres Wesens, aber nicht durch List.

Brief an Paul Ehrenfest, 20. Juni 1923; zitiert in Hermann, *Einstein*, S. 265

Die Relativitätstheorie ist eine abstrakte Wissenschaft. Sie verträgt sich mit jeder Weltanschauung.

Antwort auf die Frage des Erzbischofs von Canterbury, welche Bedeutung die Relativitätstheorie für die Religion habe; London 1921; zitiert in Hermann, *Einstein*, S. 269

Nun zum Namen Relativitätstheorie. Ich gebe zu, dass dieser nicht glücklich ist und zu philosophischen Mißverständnissen Anlass gegeben hat. Der Name Invarianz-Theorie würde die Forschungs-*Methode* der Theorie bezeichnen, leider aber nicht den materiellen Gehalt der Theorie.

Brief an Zschimmer, 30. September 1921. Siehe Holton, *Advancement of Science*, S. 69, 110, 312 fn. 21

Ich saß im Berner Patentamt in einem Sessel, als mir plötzlich der Gedanke kam: Wenn sich ein Mensch im freien Fall befindet, wird er seine eigene Schwere nicht empfinden können. Mir ging ein Licht auf. Dieser einfache Gedanke beeindruckte mich nachhaltig. Die Begeisterung, die ich da empfand, trieb mich dann zur Gravitationstheorie.

Aus Ishiwaras Bericht über Einsteins Gastvortrag in Kyoto, 1922; in *Archive for History of Exact Sciences*; Band 36, Nr. 3, 1986, S. 271–279

* Wenn ein gewisses technisches Können erreicht ist, verschmelzen Wissenschaft und Kunst gern zu Ästhetik, Bildhaftigkeit und Form. Die größten Wissenschaftler sind immer auch Künstler.

Bemerkung, an die sich Archibald Henderson erinnerte, 1923; Einstein-Archiv 33-257

Je mehr man den Quanten nachjagt, desto besser verbergen sie sich.

Brief an Paul Ehrenfest, 12. Juli 1924, in dem Einstein davon spricht, wie wenig ihn die Quantentheorie befriedigt; Einstein-Archiv 10-089

Das Interesse für Naturwissenschaft beschränkte sich immer in der Hauptsache auf das Prinzipielle, woraus mein Thun und Unterlassen am besten verständlich wird. Dass ich so wenig publiziert habe, hängt mit dem gleichen Umstand zusammen, indem die Sehnsucht nach dem Erfassen des Prinzipiellen zur Folge hatte, dass die meiste Zeit auf erfolglose Bemühungen verwandt wurde.

Brief an Maurice Solovine, 30. Oktober 1924; Einstein-Archiv 21-195; Speziali, *Correspondance*, S. 63

Die Quantentheorie ist sehr achtungs-gebietend. Aber eine innere Stimme sagt mir, daß das doch nicht der wahre Jakob ist. Die Theorie liefert viel, aber dem Geheimnis des Alten bringt sie uns doch nicht näher. Jedenfalls bin ich überzeugt davon, daß *der* nicht würfelt.

Brief an Max Born, 4. Dezember 1926; Einstein-Archiv 8-180; Einstein-Born, *Briefwechsel 1916–1955*, S. 127

Ich [bewundere] doch aufs höchste die Leistungen der jüngeren Physikergeneration, welche unter dem Namen Quantenmechanik zusammengefaßt sind, und glaube an den tiefen Wahrheitsgehalt dieser Theorie. Nur glaube ich, daß die Beschränkung auf *statistische Gesetze* nur eine vorübergehende sein wird.

Aus der Rede anläßlich der Verleihung der Planck-Medaille, 28. Januar 1929; zitiert in *Forschungen und Fortschritte* 5 (1929), S. 248

Die Sorge um die Menschen und ihr Schicksal muß stets das Hauptinteresse allen technischen Strebens bilden, die großen ungelösten Fragen der Organisation der Arbeit und der Güterverteilung, damit die Erzeugnisse unseres Geistes dem Menschengeschlecht zum Segen gereichen und nicht zum Fluche. Vergeßt dies nie über Euren Zeichnungen und Gleichungen.

Aus einem Vortrag am CalTech, Pasadena, Kalifornien, 16. Februar 1931; zitiert in Einstein, *Über den Frieden*, S. 138–39

Warum beglückt uns die herrliche, das Leben erleichternde, Arbeit ersparende Technik so wenig? Die einfache Antwort lautet: weil wir noch nicht gelernt haben, vernünftigen Gebrauch von ihr zu machen.

Ibid.

* Der Naturwissenschaftler findet seinen Lohn in dem, was Henri Poincaré die Freude des Begreifens nennt und nicht in den Möglichkeiten der Anwendung, zu denen Entdeckungen führen können.

Epilog zu Planck, »Where is Science going?« 1921

* Ich glaube, daß die zur Zeit modische Anwendung der Methoden der Physik auf das Menschenleben nicht nur ein Fehler ist, sondern sogar verworfen werden sollte.

Ibid.

Aber das ahnungsvolle, Jahre währende Suchen im Dunkeln und seiner gespannten Sehnsucht, seiner Abwechslung von Zuversicht und Ermattung und seinem endlichen Durchbrechen zur Klarheit, das kennt nur, wer es selber erlebt hat.

Aus einer Vorlesung an der Universität Glasgow, 20. Juni 1933; zitiert in »Einiges über die Entstehung der allgemeinen Relativitätstheorie«; in *Mein Weltbild*, S. 138

Wenn auch die Öffentlichkeit den Einzelheiten der wissenschaftlichen Forschung nur in bescheidenem Maße folgen kann, so hat sie doch ein Großes und Wichtiges gewonnen – das Vertrauen in die Sicherheit des menschlichen Denkens und in die Gesetzlichkeit des Naturgeschehens.

Aus »Exakte Wissenschaft und Menschheit«, 1935; in *Aus meinen späten Jahren*, S. 20

Alle Wissenschaft ist nur eine Verfeinerung des Denkens des Alltags.

Aus »Physik und Realität«, 1936; in *Aus meinen späten Jahren*, S. 63

Immer noch kämpfe ich mit denselben Problemen wie vor 10 Jahren. Kleines gelingt, aber das eigentliche Ziel bleibt mir unerreichbar, wenn es auch manchmal in greifbare Nähe gerückt scheint. Es ist hart aber doch beglückend, hart, weil das Ziel zu groß ist für meine Kräfte, aber beglükkend, weil es immunisiert gegen die Zwischenfälle des persönlichen Daseins.

Brief an Otto Juliusburger, 28. September 1937; Einstein-Archiv 38-163

Physikalische Begriffe sind freie Schöpfungen des menschlichen Geistes und, obwohl es so scheinen mag, nicht eindeutig durch die Außenwelt bestimmt.

Aus *Die Evolution der Physik*, mit Leopold Infeld, 1938

Physik ist diejenige Gruppe von Erfahrungswissenschaften, die ihre Begriffe auf das Messen gründet, und deren Begriffe und Sätze sich mathematisch konstruieren lassen.

Aus »Das Fundament der Physik«, 1940; *Aus meinen späten Jahren*, S. 107

[Es] bestand... von Anfang an das Bestreben, eine alle diese Einzelwissenschaften vereinigende theoretische Basis aufzufinden, ... aus denen alle Begriffe und Relationen der Einzelwissenschaften sich auf rein logischem Wege sollen ableiten lassen. Es ist das Suchen nach einem Fundament der ganzen Physik. Das Vertrauen in die Erreichbarkeit dieses höchsten Zieles ist eine Hauptquelle der leidenschaftlichen Hingabe, welche die Forscher von jeher beseelt hat.

Ibid., S. 107–09

Es scheint hart, dem Herrgott in die Karten zu gucken. Aber daß er würfelt und sich telepathischer Mittel bedient (wie es ihm von der gegenwärtigen Quantentheorie zugemutet wird), kann ich keinen Augenblick glauben.

Brief an Cornelius Lanczos, 21. März 1942, in dem er seine Reaktion auf die Quantentheorie schildert, die der Relativitätstheorie widerspricht, wenn sie behauptet, daß ein Beobachter die Wirklichkeit beeinflussen kann, und daß Ereignisse zufällig eintreten; Einstein-Archiv 15-294; zitiert in Einstein, *Briefe*, S. 65

Wenn man an solch einem Problem arbeitet, kommt man sich ganz dumm vor. Erst nachdem man einige Zeit nichts getan hat, glaubt man wieder an den eigenen Verstand.

Zitiert in Seelig, *Helle Zeit – Dunkle Zeit*, S. 72–73

* Mach dir keine Sorgen wegen deiner Schwierigkeiten mit der Mathematik; ich kann Dir versichern, daß meine noch größer sind.

An die Schülerin Barbara Wilson, 7. Januar 1943; Einstein-Archiv 42-606; zitiert in Dukas und Hoffmann, *Albert Einstein, the Human Side*, S. 8

Mathematik ist die einzige perfekte Methode, sich selber an der Nase herumzuführen.

Zitiert in Seelig, *Helle Zeit – Dunkle Zeit*, S. 72–73

Das eine ist sicher, daß ich mich im Leben noch nicht annähernd so geplagt habe und daß ich große Hochachtung für die Mathematik eingeflößt bekommen habe, die ich bis jetzt in ihren subtileren Teilen in meiner Einfalt für puren Luxus ansah.

Zitiert in Hermann, *Einstein*, S. 194

Ich glaube, daß der erschreckende Verfall im ethischen Verhalten der Menschen in erster Linie mit der Mechanisierung und Entpersönlichung unseres Lebens zu tun hat – ein verhängnisvolles Nebenprodukt der Entwicklung des wissenschaftlich-technischen Geistes. Nostra culpa!... Der Mensch erkaltet schneller als der Planet, auf dem er sitzt.

Brief an Otto Juliusburger, 11. April 1946; Einstein-Archiv 38-228; in *Aus meinen späten Jahren*, S. 79

Die ganze Geschichte der Physik seit Galilei bezeugt die Wichtigkeit der Funktion des theoretischen Physikers, von dem die grundlegenden theoretischen Gedanken stammen. A-priori-Konstruktionen sind in der Physik so wichtig wie empirische Fakten.

Aus einem gemeinsam mit Hermann Weyl für die Fakultät des Institute for Advanced Study 1945 verfaßten Gutachten, in dem sie sich eindeutig für Wolfgang Pauli aussprechen, der gleichzeitig mit Robert Oppenheimer für eine Professur in Betracht gezogen wurde; Pauli lehnte den Ruf ab, und Oppenheimer, dem 1946 die Direktorenstelle angeboten wurde, nahm an; zitiert in Regis, *Einstein, Gödel & Co*, S. 147

* Ein Wissenschaftler wird nie verstehen, warum er allein deshalb an etwas glauben sollte, weil es in einem bestimmten Buch steht. ... Er wird niemals glauben, daß die Ergebnisse seiner eigenen Bemühungen endgültig sind.

Brief an J. Lee, 10. September 1945; Einstein-Archiv 57-601

Wissenschaftlich bin ich immer mehr gehemmt durch dieselben mathematischen Schwierigkeiten, die mir die Bestätigung oder Widerlegung meiner allgemeinen relativistischen Feldtheorie unmöglich machen. ... Ich werde es nicht mehr fertig bringen; es wird vergessen werden und muß wohl später wieder entdeckt werden.

Brief an Maurice Solovine, 25. November 1948; Einstein-Archiv 21-265; Speziali, *Correspondance*, S. 105, 107

* Das große Ziel aller Wissenschaft ist es, die größte Anzahl empirischer Tatsachen durch logische Herleitung aus der kleinsten Anzahl von Hypothesen oder Axiomen zu erfassen.

Zitiert in der Zeitschrift *Life*, 9. Januar 1950

Die einheitliche Feldtheorie ist nun in sich abgeschlossen. Sie ist aber so schwer mathematisch anzuwenden, dass ich trotz aller aufgewendeten Mühe nicht imstande bin, sie irgendwie zu prüfen. Dieser Zustand wird wohl noch viele Jahre anhalten, zumal die Physiker für logisch-philosophische Argumente wenig Verständnis haben.

Brief an Maurice Solovine, 12. Februar 1951; Einstein-Archiv 21-277; Speziali, *Correspondance*, S. 123

* Die Wissenschaft ist eine wunderbare Sache, wenn man nicht seinen Lebensunterhalt damit verdienen muß. Man sollte seinen Lebensunterhalt mit einer Arbeit verdienen, von der man weiß, daß man sie durchführen kann. Nur wenn wir niemandem Rechenschaft schuldig sind, finden wir Freude am Betreiben von Wissenschaft.

Brief an eine kalifornische Studentin, 1951; zitiert in Dukas und Hoffmann, *Albert Einstein, the Human Side*, S. 57

Eine Verbesserung der Bedingungen auf der Welt ist im wesentlichen nicht von wissenschaftlicher Kenntnis, sondern vielmehr von der Erfüllung humaner Traditionen und Ideale abhängig.

1952; zitiert in French, *Einstein*, S. 298

* Die Entwicklung der abendländischen Naturwissenschaft beruht auf zwei großen Leistungen: Der Erfindung des formal logischen Systems (in der euklidischen Geometrie) durch die griechischen Philosophen, und auf der Entdekkung der Möglichkeit, durch systematisches Experimentieren kausale Beziehungen herzustellen.

Brief an J. S. Switzer, 23. April 1953; Einstein-Archiv 61-381

Dass man über das Zutreffen oder Nicht-Zutreffen so gar nichts aussagen kann, liegt daran, dass man keine Methoden hat, um über die singularitätenfreien Lösungen eines so komplizierten nicht-linearen Gleichungssystems etwas auszusagen oder gar die Lösungen zu bestimmen. ... Es ist sogar denkbar, dass man es nie wissen wird.

Brief an Maurice Solovine, 28. Mai 1953; Einstein-Archiv 21-300; Speziali, *Correspondance*, S. 123

Bei wissenschaftlicher Arbeit ist die Chance, etwas wirklich Wertvolles zu erreichen, sogar für sehr begabte Leute äußerst klein, so daß die Wahrscheinlichkeit, daß Sie sich in fortgeschrittenem Alter frustriert fühlen würden, immer sehr groß bliebe... Es gibt nur einen Ausweg: Verwenden Sie die meiste Zeit auf praktische Arbeit, [die] Ihrer Begabung entspricht, und verbringen Sie die restliche Zeit mit Forschen. So werden Sie in der Lage sein... ein normales und harmonisches Leben zu führen, sogar ohne die besondere Gnade der Musen.

Brief an einen Inder, der nicht wußte, welches Lebensziel er verfolgen solle, 14. Juli 1953; Einstein, *Briefe*, S. 55

Merkwürdig ist es, dass die ehemals doch ziemlich harmlos erscheinende Wissenschaft sich zu einem Albtraum angewachsen hat und alle erzittern lässt. Und die Angst ist der schlechteste von allen Ratgebern. Noch immer denken die Schwerter nicht daran, sich in Pflugscharen verwandeln zu lassen.

Brief an Königin Elisabeth von Belgien, 28. März 1954; Einstein-Archiv 32-410

* Ich glaube, daß jeder wahre Theoretiker eine Art gezähmter Metaphysiker ist, auch wenn er sich selbst als einen noch so reinen »Positivist« sehen möchte.

Aus »On the Generalized Theory of Gravitation«, *Scientific American* 182, Nr. 4 (April 1954)

Wenn [die Entwicklung der Wissenschaft] praktischen Zielen untergeordnet wird, dann stagniert wahre Wissenschaft.

Zitiert in Einstein, *Über den Frieden*, S. 412

Menschen..., die intensiv für den Fortschritt des Wissens um unsere physische Welt gearbeitet haben, haben nie praktische und am allerwenigsten militärische Ziele verfolgt.

Ibid., S. 509

In diesem Geschäft muß jeder in Gottes Namen seine eigenen Eier ausbrüten.

Ausspruch Einsteins, als sein Assistent Peter Bergmann ihn um Rat bat

Der normale Erwachsene denkt über die Raum-Zeit-Probleme kaum nach. Das hat er nach seiner Meinung bereits als Kind getan. Ich hingegen habe mich geistig derart langsam entwickelt, daß ich erst als Erwachsener anfing, mich über Raum und Zeit zu wundern. Naturgemäß bin ich dann tiefer in die Problematik eingedrungen als die normal veranlagten Kinder.

Zitiert in Seelig, *Einstein*, S. 119

Es erscheint zweifelhaft, ob eine Feldtheorie die atomistische Struktur der Materie und der Strahlung ebenso erklären kann wie die der Quantenphänomene. Die meisten Physiker werden gewiß mit einem entschiedenen »nein« antworten, da sie der Meinung sind, daß das Quantenproblem im Prinzip bereits durch andere Mittel gelöst worden ist. Wie auch immer das sein mag, es bleibt uns das tröstende Wort Lessings: »Das Streben nach Wahrheit ist wertvoller als ihr gesicherter Besitz«.

Aus Einsteins letzter autobiographischer Studie, März 1955, etwa einen Monat vor seinem Tod; zitiert in Pais, »Einstein, Newton und der Erfolg«, in French, *Einstein*, S. 104

Ich habe hundertmal so viel über Quantenprobleme nachgedacht wie über die allgemeine Relativitätstheorie.

Zu Otto Stern, zitiert in Pais, »Einstein, Newton und der Erfolg«; in French, *Einstein*, S. 104

Schlimmstenfalls kann ich mir noch vorstellen, daß Gott eine Welt hätte schaffen können, in der es keine natürlichen Gesetze – also kurz gesagt: ein Chaos – gibt. Aber daß es statistische Gesetze mit endgültigen Lösungen geben soll, d. h. Gesetze, die Gott in jedem einzelnen Fall zwingen zu würfeln, das finde ich im höchsten Maße unangenehm.

Zu James Franck, zitiert von C. P. Snow in French, *Einstein*, S. 67

Eines habe ich in einem langen Leben gelernt, nämlich, dass unsere ganze Wissenschaft, an den Dingen gemessen, von kindlicher Primitivität ist – und doch ist es das Köstlichste, was wir haben.

Brief an Hans Mühsam, 9. Juli 1951; Einstein-Archiv 36-610

Die Physik ist ihrem Wesen nach eine konkrete und anschauliche Wissenschaft. Die Mathematik gibt uns nur die Mittel in die Hand, um die Gesetze auszudrücken, wonach die Erscheinungen sich vollziehen.

Zitiert von M. Solovine in »Freundschaft mit Albert Einstein«, aus der Einführung zu *Briefe an Maurice Solovine*, S. 7

Die Entwicklung dieser [wissenschaftlichen] Gedankenwelt ist in gewissem Sinn eine beständige Flucht aus dem Wunder.

In Schilpp, *Autobiographisches*, S. 3

Wenn man alles auf physikalische Gesetzmäßigkeiten zurückführen würde, wäre das eine Abbildung mit inadäquaten Mitteln, so als ob man eine Beethoven-Symphonie als Luftdruckkurve darstellte.

Zitiert in Max Born, *Physik im Wandel meiner Zeit*, 4. Aufl., Vieweg, Braunschweig 1966

Am Anfang (wenn es einen solchen gab), schuf Gott Newtons Bewegungsgesetze samt den notwendigen Massen und Kräften. Dies ist alles; das Weitere ergibt die Ausbildung geeigneter mathematischer Methoden durch Deduktion.

Zitiert in Schilpp, *Autobiographisches*, S. 16

Eine Theorie ist desto eindrucksvoller, je größer die Einfachheit ihrer Prämissen ist, je verschiedenartigere Dinge sie verknüpft, und je weiter ihr Anwendungsbereich ist.

Ibid., S. 29

Eine Stunde mit einem hübschen Mädchen vergeht wie eine Minute, aber eine Minute auf einem heißen Ofen scheint eine Stunde zu dauern.

Einsteins Erklärung der Relativität, die er seiner Sekretärin Helen Dukas gab, damit sie sie Reportern und anderen Laien geben könne; zitiert in Highfield und Carter, *Die geheimen Leben*, S. 261

* Das Ziel der Naturwissenschaft ist einerseits ein möglichst vollständiges Verständnis für die Verbindung zwischen wahrnehmbaren Erfahrungen in ihrer Gesamtheit und andererseits das Erreichen dieses Ziels unter Verwendung eines Minimums von Grundprinzipien und -beziehungen.

Zitiert in Cuny, *Albert Einstein*, S. 129

[Mancher Wissenschaftler kommt mir] vor, als suche er in einem Brett den dünnsten Fleck und bohre dann durch diese ohnehin schon dünne Stelle möglichst viele Löcher. So entstehen seine wissenschaftlichen Abhandlungen.

Zitiert in Frank, *Einstein*, S. 186

Ein Wissenschaftler ist eine Mimose, wenn er selbst einen Fehler gemacht hat, und ein brüllender Löwe, wenn er bei anderen einen Fehler entdeckt.

Zitiert in Ehlers, *Liebes Hertz!*, S. 45

Über den Pazifismus

SECOND NEWS SECTION

Pittsburgh Post-Gazette

SPORTS, FINANCIAL, CLASSIFIED SECTION

This WORLD of OURS

Constantly Expressive—Einstein Warms Up to His Subject

ATOM ENERGY HOPE IS SPIKED BY EINSTEIN

Efforts at Loosing Vast Force Is Called Fruitless.

SAVANT TALKS HERE

Titelseite der Pittsburgh Post-Gazette, *29. Dezember 1934. (AIP Emilio Segré Visual Archives)*

Einstein war von Jugend an ein Pazifist, bis er 1933 durch die Machtergreifung Hitlers zu einer Änderung seiner Einstellung gezwungen wurde. Von 1933 bis 1945 sah er unter bestimmten Umständen eine Notwendigkeit für militärisches Handeln gegeben, meinte aber, daß nur eine »supranationale Weltregierung« den Fortbestand der Kultur und der individuellen Freiheit garantieren könne. Von 1945 bis zu seinem Tode 1955 hielt er eine Weltregierung und die Kontrolle der Nuklearwaffen für einen moralischen Imperativ.

Deshalb muß ein Mensch, dem die geistigen Werte die höchsten sind, Pazifist sein.

Aus einem Beitrag zu dem 1922 von Kurt Lenz und Walter Fabian herausgegebenen Handbuch »Die Friedensbewegung«; zitiert in Einstein, *Über den Frieden*, S. 74

Revolution ohne Gewaltanwendung ist die Methode, mit der Gandhi die Befreiung Indiens herbeigeführt hat. Ich glaube, daß das Problem der Friedenssicherung in der Welt auf übernationaler Grundlage ohne Anwendung von Gandhis Methode nicht gelöst werden kann.

Aus einem Brief an den deutschen Emigranten Gerhard Nellhaus, der ihn darauf aufmerksam gemacht hatte, daß der Quäker Robert Michener wegen seiner Kriegsdienstverweigerung zu zehn Jahren Gefängnis verurteilt worden war; zitiert in Einstein, *Über den Frieden*, S. 540

Der Dienstverweigerer ist ein Revolutionär. Wenn er dem Gesetz den Gehorsam verweigert, um dadurch zu einer Verbesserung der öffentlichen Verhältnisse beizutragen, erfüllt er unter Aufopferung seiner persönlichen Interessen eine überaus wichtige Aufgabe.

Ibid; zitiert in Einstein, *Über den Frieden*, S. 540

Mein Pazifismus ist instinktiver Natur – ein Gefühl, von dem ich besessen bin. Der Gedanke des Mordes an einem menschlichen Wesen erfüllt mich mit Abscheu. Meine Haltung ist nicht von intellektueller Theorie, sondern von einem tiefen Widerwillen gegenüber jeglicher Art von Grausamkeit und Hass motiviert.

Aus einem Gespräch mit Paul Hutchinson, dem Chefredakteur der Zeitschrift *Christian Century*, Juli 1929; zitiert in Einstein, *Über den Frieden*, S. 116

[Ich habe] weder privat noch öffentlich ein Hehl daraus gemacht..., daß ich den erzwungenen Militär- und Kriegsdienst als eine verwerfliche Gewalttat der Behörden bezeichne und es als eine Gewissenspflicht auffasse, gegen diese barbarische Versklavung des Individuums mit jedem Mittel zu kämpfen.

Erklärung für die Kopenhagener Zeitung *Politiken*, 5. August 1930, nachdem Einstein zwei ihm von dänischer Seite verliehene Preise an Kriegsdienstverweigerer hatte geben lassen; zitiert in Einstein, *Über den Frieden*, S. 145

Wenn einer mit Vergnügen in Reih und Glied zu einer Musik marschieren kann, dann verachte ich ihn schon; er hat sein großes Gehirn nur aus Irrtum bekommen, da für ihn das Rückenmark schon völlig genügen würde.

Aus »Wie ich die Welt sehe«, in *Mein Weltbild*, S. 9

Ich glaube, daß uns international organisierte Verweigerung von Militärdienst und Kriegsdienst ernsthafte Fortschritte bringen kann.

In *Jugendtribüne*, Mai 1931; zitiert in Pais, *Ich vertraue auf Intuition*, S. 135

Es gibt zwei Möglichkeiten des Widerstandes gegen den Krieg: den legalen und den revolutionären Weg. Der legale Weg besteht im Angebot nichtmilitärischer Dienstleistungen – und zwar nicht als Privileg weniger, sondern als Recht für alle. Der revolutionäre Weg besteht in kompromißlosem Widerstand gegen den Krieg mit dem Ziel, in Friedenszeiten die Macht des Militärs zu brechen und in Kriegszeiten die staatlichen Kraftquellen zu schwächen.

Zitiert von A. Fenner Brockway, Mitglied des britischen Unterhauses und der Internationalen der Kriegsdienstverweigerer, in *The New World*, Juli 1931; zitiert in Einstein, *Über den Frieden*, S. 155

Ich appelliere an alle Männer und Frauen, an die bedeutenden und an die Durchschnittsmenschen..., daß sie sich weigern, in Zukunft irgendwelche Kriege oder Kriegsvorbereitungen zu unterstützen.

In einer Botschaft an die Tagung der Internationale der Kriegsdienstverweigerer in Lyon; August 1931; zitiert in Einstein, *Über den Frieden*, S. 157

Als wichtigste Aufgabe des Staates sehe ich die, das Individuum zu schützen und ihm die Möglichkeit zu bieten, sich zur schöpferischen Persönlichkeit zu entfalten... Dies Gebot verletzt der Staat, wenn er uns mit Gewalt dazu zwingt, Militär- und Kriegsdienst zu leisten.

New York Times, 22. November 1931; zitiert in Einstein, *Über den Frieden*, S. 167

* Ich bin nicht nur ein Pazifist, sondern ein militanter Pazifist. Ich bin bereit, für den Frieden zu kämpfen... Ist es nicht besser, wenn ein Mann für eine Sache stirbt, an die er glaubt, wie den Frieden, als für eine Sache zu leiden, an die er nicht glaubt, wie den Krieg?

Aus einem Gespräch mit G. S. Viereck anläßlich eines Besuchs in den USA, Januar 1931; zitiert in Alfred Lief, Hrsg., *The Fight against War* (New York: John Day, 1933)

Ich glaube, daß das Problem der Friedenssicherung in der Welt auf übernationaler Grundlage ohne Anwendung von Gandhis Methode nicht gelöst werden kann.

Brief an Gerhard Nellhaus, 20. März 1951; Einstein-Archiv 60-683; zitiert in Einstein, *Über den Frieden*, S. 543

* Ich kann meine Ansicht fast vollständig mit der Gandhis in Übereinstimmung bringen. Aber ich würde mich (als Einzelner und im Kollektiv) heftig jeder Gewalt widersetzen, die versuchte, mich zu töten oder mir oder meinem Volk die Lebensgrundlage zu entziehen.

Brief an A. Morrisett, 21. März 1952; Einstein-Archiv 60–595

* Das Ziel des Pazifismus ist nur durch eine übernationale Organisation erreichbar. Die bedingungslose Befürwortung dieses Zieles ist das Kriterium des wahren Pazifismus.

Ibid.

Was mir am ehesten erreichbar erscheint, ist die Abschaffung der Kriege auf übernationaler Basis. Es ist wahr, daß eine Weltregierung weder gerechter noch vernünftiger sein dürfte als die jetzigen Regierungen. Aber Abschaffung des Krieges ist heute eine notwendige Vorbedingung für jede fruchtbare Reform im Einzelnen.

1951, zitiert in Einstein, *Über den Frieden*, S. 552

* Je mehr militärische Waffen ein Land herstellt, um so unsicherer wird es: Wenn man Waffen hat, wird man zur Zielscheibe für Angriffe.

Aus einem Gespräch mit A. Aram, Januar 1953; Einstein-Archiv 59-109

Ich bin *entschiedener*, aber nicht *absoluter* Pazifist. Das heisst: ich bin in allen Fällen gegen Gewaltanwendung, ausser in dem Falle, dass der Gegner Vernichtung des Lebens als *Selbstzweck* beabsichtigt.

Brief an den japanischen Journalisten und Pazifisten Shinohara, 23. Juni 1953; Einstein-Archiv 61-298

Über Politik, Patriotismus und Regierungen

Während einer Rundfunkrede, um 1950. (New York Times Paris Bureau. Mit freundlicher Genehmigung der National Archives)

Nationalismus ist eine Kinderkrankheit. Die Masern der menschlichen Rasse.

Eine Bemerkung Einsteins zu G. S. Viereck, 1921, Einstein, *Briefe*, S. 38

Mein politisches Ideal ist das demokratische. Jeder soll als Person respektiert und keiner vergöttert sein.

Aus »Wie ich die Welt sehe«, in *Mein Weltbild*, S. 8

Der Staat ist für die Menschen und nicht die Menschen für den Staat... Der Staat sollte also unser Diener sein, nicht wir Sklaven des Staates.

1931; zitiert in French, *Einstein*, S. 285

Solange mir eine Möglichkeit offensteht, werde ich mich nur in einem Land aufhalten, in dem politische Freiheit, Toleranz und Gleichheit aller Bürger vor dem Gesetz herrschen... Diese Bedingungen sind gegenwärtig in Deutschland nicht erfüllt.

In »Bekenntnis«, März 1933, in *Mein Weltbild*, S. 81

Nationalismus ist nach meiner Meinung nicht mehr als ein idealistischer Unterbau für den militärischen bzw. aggressiven Geisteszustand eines Volkes.

Aus einem Entwurf eines Vortrags in der Londoner Royal Albert Hall am 3. Oktober 1933, der unter dem Titel »Europas Gefahr und Europas Hoffnung« veröffentlicht wurde; zitiert in Einstein, *Über den Frieden*, S. 258

Politik ist ein durch beständig verjüngte Illusionen beseeltes Pendeln zwischen Anarchie und Tyrannei.

Aphorismus, 1937; zitiert in Dukas und Hoffmann, *Albert Einstein, the Human Side*, S. 132

Jede politische Handlung auf internationalem Gebiet [muß] von der Überlegung bestimmt sein, ob dadurch die Schaffung einer Weltregierung gefördert oder verhindert wird.

Aus einem Rundfunk-Interview mit P. A. Schilpp und F. Parmelee, 29. Mai 1946; Einstein-Archiv 29-105; zitiert in Einstein, *Über den Frieden*, S. 381

Es muß eine Weltregierung geschaffen werden, welche die Konflikte zwischen Nationen durch richterliche Entscheidung zu lösen imstande ist. Diese Entscheidungen müssen auf eine klare Verfassung gegründet werden, welche von den Regierungen und Völkern gebilligt ist, und welche allein über die Angriffswaffen zu verfügen hat.

New York Times, 30. Mai 1946; zitiert in Pais, *Ich vertraue auf Intuition*, S. 298

Wir müssen lernen, dass er als einziger Staatsmann unserer moralisch dekadenten Zeit eine höhere Stufe der menschlichen Beziehungen in der politischen Sphäre repräsentiert, die wir mit allen Kräften anstreben müssen.

Worte für eine Gedenkfeier zu Ehren des ermordeten Gandhi, 11. Februar 1948; zitiert in Einstein, *Über den Frieden*, S. 468

Es gibt nur einen Weg zum Frieden und zur Sicherheit: die übernationale Organisation. Rüstung einzelner Nationen kann nur die allgemeine Unsicherheit und Verwirrung steigern, ohne wirksamen Schutz zu bieten.

In »Die Gefahr der Aufrüstung«; zitiert in Einstein, *Briefe*, S. 165

Ich trete für »World Government« ein, weil ich überzeugt bin, daß es keinen anderen Weg gibt, die furchtbarste Gefahr zu bannen, in der die Menschen je geschwebt haben. Das Ziel, totale Vernichtung zu vermeiden, muß jedem anderen Ziel vorangestellt werden.

Antwort auf einen offenen Brief von vier russischen Gelehrten, 1948, *Briefe*, S. 164

Vernünftiges Handeln in der menschlichen Sphäre ist nur möglich, wenn man die Gedanken, Motive und Befürchtungen des anderen zu verstehen sucht, so daß man sich in seine Lage zu versetzen weiß.

Ibid., S. 156

Beträchtliche wirtschaftliche Sicherheit auf Kosten der Freiheit und politischer Rechte.

Eine Beschreibung des Kommunismus, 7. Oktober 1948, in Beantwortung einer von Milton James gestellten Frage; Einstein-Archiv 58-015

* Wenn der Gedanke der Weltregierung nicht realistisch ist, gibt es nur *eine* realistische Sicht unserer Zukunft: die allgemeine Zerstörung der Menschen durch Menschen.

Bemerkung zu dem Film *Where Will You Hide?* 1948; Einstein-Archiv 28-817

* Ich war nie ein Kommunist. Aber wenn ich es wäre, würde ich mich dessen nicht schämen.

Brief an Lydia B. Hewes, 10. Juli 1950; Einstein-Archiv 59-984

* Die Menschheit kann nur gerettet werden, wenn ein übernationales, auf dem Gesetz beruhendes System geschaffen wird, damit die Gefahr der bloßen Gewalt ausgeschlossen ist.

In *Impact* 1 (1950), S. 104

Jeder Intellektuelle, der vor eines der Komitees geladen wird, müßte jede Aussage verweigern, das heißt bereit sein, sich einsperren und wirtschaftlich ruinieren zu lassen, kurz, seine persönlichen Interessen den kulturellen Interessen des Landes zu opfern.

In einem zur Veröffentlichung bestimmten Brief an William Frauenglass, 16. Mai 1953; Frauenglass, ein Lehrer und Nonkonformist, sollte vor einem Komitee des Repräsentantenhauses von Vertretern des Senators McCarthy verhört werden. Einstein-Archiv 41-112; zitiert in *Aus meinen späten Jahren*, S. 196, auch in Einstein, *Über den Frieden*, S. 546

* Osteuropa wäre niemals die Beute von Rußland geworden, wenn die Westmächte den deutschen aggressiven Faschismus unter Hitler verhindert hätten; wegen dieses schweren Fehlers mußten sie Rußland später um Hilfe bitten.

Ibid.

* Kein Bürger ist verpflichtet, seine Zugehörigkeit zu einer Partei zu rechtfertigen.

Brief an C. Lamont, 2. Januar 1954; Lamont Einstein-Archiv 60-178

* Die jetzigen Untersuchungen [des Repräsentantenhauses im Rahmen der antikommunistischen Verfolgungswelle] stellen für unsere Gesellschaft eine wesentlich größere Gefahr dar als die wenigen Kommunisten in diesem Land es je sein könnten. Diese Untersuchungen haben die Demokratie unserer Gesellschaft schon jetzt weitgehend untergraben.

Brief an Felix Arnold, 19. März 1954; Einstein-Archiv 59-118

* Zu Platons Zeit und auch später noch, zu Jeffersons Zeit, war es möglich, die Demokratie mit einer moralischen und intellektuellen Aristokratie in Einklang zu bringen; heute beruht die Demokratie auf einem anderen Prinzip – daß nämlich der andere nicht besser ist als ich … Diese Einstellung erleichtert insgesamt nicht die Nachahmung.

Zu Demokratie und Anti-Intellektualismus, aufgeschrieben von Niccolo Tucci, *The New Yorker*, 22. November 1954, S. 54

Politische Leidenschaft verlangt ihre Opfer.

Die letzten von Einstein geschriebenen Worte; in einem unveröffentlichten Manuskript, 13. April 1955; zitiert in Pais, *Raffiniert ist der Herrgott*, S. 482

Das ist ganz einfach, lieber Freund: Der Grund liegt darin, daß Politik schwieriger ist als Physik.

Auf die Frage, warum Menschen etwas über Atome herausfinden können, aber nicht darüber, wie sie kontrolliert werden können; zitiert in *New York Times*, 22. April 1955; auch Pais, *Ich vertraue auf Intuition*, S. 328

Meiner Meinung nach ist es nicht richtig, die Politik in wissenschaftliche Angelegenheiten hineinzuziehen; auch sollten nicht einzelne Menschen für die Regierung des Landes, zu dem sie zufällig gehören, verantwortlich gemacht werden.

An H. A. Lorentz, zitiert in French, *Einstein*, S. 284

Man muß seine Zeit zwischen Politik und mathematischen Gleichungen einteilen, doch die Gleichungen sind mir sehr viel wichtiger.

Zitiert von C. P. Snow in French, *Einstein*, S. 70

Über Religion, Gott und Philosophie

Im Alter, Anfang der fünfziger Jahre. (AIP Emilio Segré Visual Archives, Lande Collection)

Einsteins »Religion« war, wie er oft sagte, von Ehrfurcht und demütigem Staunen vor der Harmonie der Natur bestimmt, und nicht von einem Glauben an einen persönlichen Gott, der das Leben des Einzelnen festlegt.

Warum schreiben Sie mir »Gott strafe die Engländer«? Ich habe weder zu ersterem noch zu letzteren irgendwie nähere Beziehungen. Ich sehe nur mit viel Bedauern, dass Gott so viele seiner Kinder straft für deren reichliche Thorheit, für die doch nur er selbst verantwortlich gemacht werden kann.

Brief an seinen Schweizer Kollegen Edgar Meyer, 2. Januar 1915

Jedem tiefen Naturforscher muß eine Art religiösen Gefühls naheliegen, weil er sich nicht vorzustellen vermag, daß die ungemein feinen Zusammenhänge, die er erschaut, von ihm zum erstenmal gedacht werden.

Zitiert in Moszkowski, *Einstein*, S. 58

Da unsere seelischen Erlebnisse in Reproduktionen und Kombinationen sinnlicher Eindrücke bestehen, so scheint mir die Konzeption einer Seele ohne Körper leer und nichtssagend.

Brief an eine Wienerin, 5. Februar 1921; Einstein-Archiv 43-847; auch zitiert in Dukas und Hoffmann, *Albert Einstein, the Human Side*, S. 132

Ich kann mir keinen persönlichen Gott denken, der die Handlungen der einzelnen Geschöpfe direkt beeinflusste oder über seine Kreaturen direkt zu Gericht sässe... Meine Religiosität besteht in einer demütigen Bewunderung des unendlich überlegenen Geistes, der sich in dem Wenigen offenbart, was wir mit unserer schwachen... Vernunft von der Wirklichkeit zu erkennen vermögen.

Brief an einen Bankier in Colorado, August 1927; Einstein-Archiv 48-380; zitiert in Dukas und Hoffmann, *Albert Einstein, the Human Side*, S. 66

Alles wird bestimmt, der Anfang wie auch das Ende, durch Kräfte, über die wir keine Macht haben. Es wird bestimmt für die Insekten wie für die Sterne. Menschen, Pflanzen oder kosmischer Staub, wir tanzen alle nach einer bestimmten Melodie, die aus der Ferne von einem unsichtbaren Pfeifer angestimmt wird.

In *Saturday Evening Post*, 26. Oktober 1929; zitiert in Clark, *Einstein*, S. 251

Ich glaube an Spinozas Gott, der sich in der gesetzlichen Harmonie des Seienden offenbart, nicht an einen Gott, der sich mit dem Schicksal und den Handlungen der Menschen abgibt.

Telegramm an Rabbi Herbert S. Goldstein, der ihn gefragt hatte: Glauben Sie an Gott? und eine kurze Rückantwort bezahlt hatte, 1929; Einstein-Archiv 33-272; zitiert in Hoffmann, *Albert Einstein, Schöpfer und Rebell*, S. 114

Für Spinoza sind das Psychische und das Physische nur verschiedene Erscheinungsformen einer einheitlichen gesetzlichen Wirklichkeit. Diese Auffassung ist als wissenschaftliche Erkenntnis Allgemeingut aller geistig strebenden Menschen geworden; je besser man das Wirken des Universums versteht, um so naher kommt man Gott.

1929, in Hoffmann, *Albert Einstein, Schöpfer und Rebell*, S. 114

Wer von der kausalen Gesetzmäßigkeit allen Geschehens durchdrungen ist, für den ist die Idee eines Wesens, welches in den Gang des Weltgeschehens eingreift, ganz unmöglich... Die Furcht-Religion hat bei ihm keinen Platz, aber ebensowenig die soziale bzw. moralische Religion. Ein Gott, der belohnt und bestraft, ist für ihn schon darum undenkbar, weil der Mensch nach äußerer und innerer gesetzlicher Notwendigkeit handelt, vom Standpunkt Gottes aus also nicht verantwortlich wäre, sowenig wie ein lebloser Gegenstand für die von ihm ausgeführten Bewegungen... Das ethische Verhalten des Menschen ist wirksam auf Mitgefühl, Erziehung und soziale Bindung zu gründen und bedarf keiner religiösen Grundlage. Es stünde traurig um die Menschen, wenn sie durch Furcht vor Strafe und Hoffnung auf Belohnung nach dem Tode gebändigt werden müßten.

Aus »Religion und Wissenschaft«, *Berliner Tageblatt*, 11. November 1930, in *Mein Weltbild*, S. 17

Alles, was von den Menschen getan und erdacht wird, gilt der Befriedigung gefühlter Bedürfnisse sowie der Stillung von Schmerzen. Dies muß man sich immer vor Augen halten, wenn man geistige Bewegungen und ihre Entwicklung verstehen will. Denn Fühlen und Sehnen sind der Motor alles menschlichen Strebens und Erzeugens, mag sich auch letzteres uns noch so erhaben darstellen.

Ibid., S. 15

Diese [kosmische Religion] läßt sich demjenigen, der nichts davon besitzt, nur schwer deutlich machen, zumal ihr kein menschenartiger Gottesbegriff entspricht... Die religiösen Genies aller Zeiten waren durch diese kosmische Religiosität ausgezeichnet, die keine Dogmen und keinen Gott kennt, der nach dem Bild des Menschen gedacht wäre. Es kann daher auch keine Kirche geben, deren hauptsächlicher Lehrinhalt sich auf die kosmische Religiosität gründet... Es scheint mir, daß es die wichtigste Funktion der Kunst und der Wissenschaft ist, dies Gefühl unter den Empfänglichen zu erwecken und lebendig zu erhalten.

Zur »kosmischen Religion«, der Verehrung der Schönheit und Harmonie der Natur, die Einstein für die stärkste und edelste Triebfeder wissenschaftlicher Forschung hielt.
Ibid., S. 16–17

In unserer im allgemeinen materialistisch eingestellten Zeit sind die ernsthaften Forscher die einzigen tief religiösen Menschen.

Ibid., S. 18

Einen Gott, der die Objekte seines Schaffens belohnt und bestraft, der überhaupt einen Willen hat nach Art desjenigen, den wir an uns selbst erleben, kann ich mir nicht einbilden. Auch ein Individuum, das seinen körperlichen Tod überdauert, mag und kann ich mir nicht denken; mögen schwache Seelen aus Angst oder lächerlichem Egoismus solche Gedanken nähren.

Aus »Wie ich die Welt sehe«, in *Mein Weltbild*, S. 10

Unser Handeln sei getragen von dem stets lebendigen Bewußtsein, dass die Menschen in ihrem Denken, Fühlen und Tun nicht frei sind, sondern ebenso kausal gebunden wie die Gestirne in ihren Bewegungen.

Für die Spinoza-Gesellschaft der USA, 22. September 1932; Einstein-Archiv 33-291

Die Philosophie gleicht einer Mutter, die alle übrigen Wissenschaften geboren und ausgestattet hat. Man darf sie in ihrer Nacktheit und Armut daher nicht geringschätzen, sondern muss hoffen, dass etwas von ihrem Don-Quichote-Ideal auch in ihren Kindern lebendig bleibe, damit sie nicht in Banausentum verkommen.

Brief an Bruno Winawer, 8. September 1932; Einstein-Archiv 36-532; zitiert in Dukas und Hoffmann, *Albert Einstein, the Human Side*, S. 106

Mir genügt das Mysterium der Ewigkeit des Lebens und das Bewußtsein und die Ahnung von dem wunderbaren Bau des Seienden sowie das ergebene Streben nach dem Begreifen eines noch so winzigen Teiles der in der Natur sich manifestierenden Vernunft.

Aus »Wie ich die Welt sehe«; in *Mein Weltbild*, S. 10

Die organisierte Religion kann etwas von der Achtung zurückgewinnen, die sie während des Krieges verloren hat, wenn sie es sich zur Aufgabe macht, den guten Willen und die Energie ihrer Anhänger gegen die wachsende Intoleranz zu mobilisieren.

New York Times, 30. April 1934; zitiert in Pais, *Ich vertraue auf Intuition*, S. 205

Sie werden schwerlich einen tiefer schürfenden wissenschaftlichen Geist finden, dem nicht eine eigentümliche Religiosität eigen ist. Diese Religiosität unterscheidet sich aber von derjenigen des naiven Menschen. Letzterem ist Gott ein Wesen, auf dessen Sorgfalt man hofft, dessen Strafe man fürchtet – ein sublimiertes Gefühl von der Art der Beziehung des Kindes zum Vater.

Aus »Die Religiosität der Forschung«; in *Mein Weltbild*, S. 18

Der Forscher aber ist von der Kausalität allen Geschehens durchdrungen... Seine Religiosität liegt im verzückten Staunen über die Harmonie der Naturgesetzlichkeit, in der sich eine so überlegene Vernunft offenbart, daß alles Sinnvolle menschlichen Denkens und Anordnens dagegen ein gänzlich nichtiger Abglanz ist... Unzweifelhaft ist dies Gefühl nahe verwandt demjenigen, das die religiös schöpferischen Naturen aller Zeiten erfüllt hat.

Ibid.

Schopenhauers Spruch »Ein Mensch kann zwar tun, was er will, aber nicht wollen, was er will«, hat mich seit meiner Jugend lebendig erfüllt und ist mir beim Anblick und beim Erleiden der Härten des Lebens immer ein Trost gewesen und eine unerschöpfliche Quelle der Toleranz. Dieses Bewußtsein mildert in wohltuender Weise das leicht lähmend wirkende Verantwortungsgefühl und macht, daß wir uns selbst und die anderen nicht gar zu ernst nehmen; es führt zu einer Lebensauffassung, die auch besonders dem Humor sein Recht läßt.

Aus »Wie ich die Welt sehe«; in *Mein Weltbild*, S. 7

Welches ist der Sinn unseres Lebens, welches der Sinn des Lebens aller Lebewesen überhaupt? Eine Antwort auf diese Frage wissen, heißt religiös sein. Du fragst: Hat es denn überhaupt einen Sinn, diese Frage zu stellen? Ich antworte: Wer sein eigenes Leben und das seiner Mitmenschen als sinnlos empfindet, der ist nicht nur unglücklich, sondern auch kaum lebensfähig.

Aus »Vom Sinn des Lebens«; in *Mein Weltbild*, S. 10

Andererseits erfüllt aber die Wissenschaft jeden, der sich ernsthaft mit ihr befasst, mit der Überzeugung, dass sich in der Gesetzmässigkeit der Welt ein dem menschlichen ungeheuer überlegener Geist manifestiere, dem gegenüber wir mit unseren bescheidenen Kräften demütig zurückstehen müssen. So führt die Beschäftigung mit der Wissenschaft zu einem religiösen Gefühl besonderer Art, welches sich von der Religiosität des naiveren Menschen allerdings wesentlich unterscheidet.

Brief an ein Kind, das fragte, ob Einstein betet; 24. Januar 1936; Einstein-Archiv 42-601

* Was immer es in der Welt von Gott und dem Guten gibt, muß sich durch uns auswirken und ausdrücken. Wir können nicht danebenstehen und Gott die Arbeit machen lassen.

Gespräch mit Algernon Black, Herbst 1940; Einstein-Archiv 54-834

* Ein religiöser Mensch ist fromm in dem Sinn, daß er keine Zweifel an der Bedeutung jener überpersönlichen Objekte und Ziele hat, die eine vernünftige Begründung weder erfordern noch ihrer fähig sind.

Nature 146 (1940), S. 605

Wissenschaft kann nur geschaffen werden von Menschen, die ganz erfüllt sind von dem Streben nach Wahrheit und Begreifen. Diese Gefühlsbasis aber entstammt der religiösen Sphäre. Hierher gehört auch das Vertrauen in die Möglichkeit, die in der Welt des Seienden geltenden Gesetzmäßigkeiten seien vernünftig, d. h. durch die Vernunft begreifbar. Ohne solchen tiefen Glauben kann ich mir einen wirklichen Forscher nicht vorstellen.

Aus »Naturwissenschaft und Religion« (1941), Beitrag zu einem Symposium in New York über die Beziehung zwischen Naturwissenschaft, Philosophie und Religion; in *Aus meinen späten Jahren*, S. 43

Wissenschaft ohne Religion ist lahm, Religion ohne Wissenschaft blind.

Ibid. (Dies könnte eine Anspielung auf Kant sein, der sagte: »Begriff ohne Anschauung ist leer, Anschauung ohne Begriff ist blind.«)

In dieser persönlichen Gottesidee liegt nun die Hauptursache des gegenwärtigen Konflikts zwischen der religiösen und der wissenschaftlichen Sphäre.

Ibid., S. 44

Die Lehrer der Religion müssen die Größe haben, in ihrem Kampfe für die ethischen Güter auf die Lehre vom Wirken eines persönlichen Gottes, d. h. auf jene Quelle von Furcht und Hoffnung zu verzichten, welche den Priestern vergangener Zeiten so große Macht in die Hand gab.

Ibid., S. 46

Je weiter die geistige Entwicklung des Menschen vorschreitet, in desto höherem Grade scheint es mir zuzutreffen, daß der Weg zu wahrer Religiosität nicht über Daseinsfurcht, Todesfurcht und blinden Glauben, sondern über das Streben nach vernünftiger Erkenntnis führt.

Ibid., S. 47

* Wir können überhaupt nicht denken, ohne unsere fünf Sinne zu gebrauchen.

Ibid.

Ich würde nicht annehmen, daß die Philosophie und die Vernunft selbst den Menschen in eine vorhersehbare Zukunft führen; allerdings werden sie das schönste Heiligtum bleiben, das sie für die Auserwählten immer gewesen sind.

Brief an Benedetto Croce, 7. Juni 1944; Einstein-Archiv 34-075; zitiert in Pais, *Ich vertraue auf Intuition*, S. 165

Ich lese oft in der Bibel, doch im Original ist sie mir unzugänglich geblieben.

Brief an seinen früheren Religionslehrer Heinrich Friedmann, 2. September 1945, zu seiner mangelhaften Kenntnis des Hebräischen; zitiert in Pais, *Raffiniert ist der Herrgott*, S. 37

Gott kümmert sich nicht um unsere mathematischen Schwierigkeiten. Er integriert empirisch.

Zitiert in Infeld, *Leben mit Einstein, Kontur einer Erinnerung*, S. 63

Der Wert der Religion ist für mich die Fähigkeit, sich in die Haut des anderen zu versetzen, sich mit ihm zu freuen und mit ihm zu leiden.

Zitiert in Vallentin, *Das Drama Albert Einsteins*, S. 283

Wahrscheinlich ist es der mythische oder besser symbolische Gehalt der religiösen Tradition, der zum Konflikt mit der Wissenschaft führt... Zur Erhaltung der wahren Religiosität ist es deshalb von größter Bedeutung, solche Konflikte zu vermeiden, die mit Fragen zusammenhängen, die für die Verfolgung religiöser Ziele unwesentlich sind.

Aus einer Ansprache vor dem Liberal Ministers' Club, New York City; veröffentlicht in *The Christian Register*, Juni 1948; zitiert in Pais, *Ich vertraue auf Intuition*, S. 163

* Meine Einstellung zu Gott ist die eines Agnostikers. Ich bin davon überzeugt, daß ein lebhaftes Bewußtsein für die vorrangige Wichtigkeit moralischer Grundsätze für die Verbesserung und Veredelung des Lebens nicht die Idee eines Gesetzgebers braucht, besonders nicht eines, der auf der Grundlage von Belohnung und Strafe handelt.

Brief an M. Berkowitz, 25. Oktober 1950; Einstein-Archiv 59-215

Ich habe keinen besseren Ausdruck als den Ausdruck »religiös« für dieses Vertrauen in die vernünftige und der menschlichen Vernunft wenigstens einigermassen zugängliche Beschaffenheit der Realität. Wo dieses Gefühl fehlt, da artet Wissenschaft in geistlose Empiric aus.

Brief an Maurice Solovine, 1. Januar 1951; Einstein-Archiv 21-474, 80-871; Speziali, *Correspondance*; S. 119

Nicht nur habe ich keinen Glauben an einen persönlichen Gott, sondern solcher Glauben erscheint mir geradezu kindlich. Andererseits scheint mir, dass das blosse Nicht-Glauben an einen persönlichen Gott noch lange keine Philosophie ist.

Brief an V. T. Aaltonen, 7. Mai 1952, zu dessen Meinung, der Glaube an einen persönlichen Gott sei besser als Atheismus; Einstein-Archiv 59-059

Ich bin kein »Freidenker«, weil ich finde, dass dies in der Hauptsache eine Trotzeinstellung gegen den naiven Gottesglauben ist. Mein religiöses Gefühl liegt in der Bewunderung der Harmonie, die sich in den Naturgesetzen zeigt.

Brief an Beatrice Fröhlich, 17. Dezember 1952; Einstein-Archiv 59-797

Ich sehe keine Berechtigung für die Einführung einer solchen Hypothese. Sie erleichtert jedenfalls nicht das Begreifen der Gesetzmäßigkeiten, die sich in der sinnlich wahrnehmbaren Welt vorfinden.

Brief an einen Studenten aus Iowa, der Einstein fragte: Was ist Gott?; Juli 1953; Einstein-Archiv 59-083

* Ich glaube nicht an die Unsterblichkeit des Individuums, und ich halte Ethik für ein ausschließlich menschliches Unterfangen, hinter dem keine übermenschliche Autorität steht.

Juli 1953; Einstein-Archiv 36-553; zitiert in Dukas und Hoffmann, *Albert Einstein, the Human Side*, S. 39

* Falls Gott die Welt geschaffen hat, war seine Hauptsorge sicherlich nicht, sie so zu machen, daß wir sie verstehen können.

Brief an David Bohm, 10. Februar 1954; Einstein-Archiv 8-041

Nach meiner Überzeugung vertritt die Society of Friends unter allen Religionsgemeinschaften die höchsten moralischen Standards. Soweit mir bekannt ist, hat sie nie üble Kompromisse geschlossen, sondern sich immer nur von dem Gebot des Gewissens leiten lassen. Im internationalen Leben ist ihr Einfluss ganz besonders positiv und wirksam gewesen.

Brief an den australischen Quäker A. Chapple, 23. Februar 1954; Einstein-Archiv 58-405; zitiert in Einstein, *Über den Frieden*, S. 510

Es kommt der Augenblick, in dem man sieht, dass alles unzureichend ist. Beim Lebendigen liegt die Oberflächlichkeit unseres Begreifens offen zutage, ... man wird zum tief religiösen Ungläubigen. (Dies ist eine einigermaßen neue Art von Religion.)

Brief an Hans Mühsam, 30. März 1954; Einstein-Archiv 38-434

Gott stelle ich mir überhaupt nicht vor, sondern begnüge mich damit, die Struktur der Welt zu bewundern, so weit sie sich unserem schwachen Erkenntnisvermögen überhaupt offenbart.

Brief an S. Flesch, 16. April 1954; Einstein-Archiv 30-1154

Ich habe nie der Natur eine Absicht oder einen Zweck zugeschrieben, überhaupt nichts anthropomorphisch zu Deutendes. Was ich in der Natur sehe, ist eine grossartige Struktur, die wir nur sehr unvollkommen zu erfassen vermögen und die einen vernünftigen Menschen mit einem Gefühl von »humility« (Demut) erfüllen muss. Dies ist ein echt religiöses Gefühl, das nichts mit Mystizismus zu schaffen hat.

1954 oder 1955; zitiert in Dukas und Hoffmann, *Albert Einstein, the Human Side*, S. 39

Ich denke, daß der moralische Wert eines Menschen wenig davon abhängt, was er glaubt, sondern davon, was er von der Natur an emotionellen Impulsen auf den Lebensweg mitbekommen hat.

Brief an Schwester Margrith Göhner, Februar 1955; Einstein-Archiv 59-831

Erkenntnistheorie ohne Kontakt mit Science wird zum leeren Schema. Science ohne Erkenntnistheorie ist – soweit überhaupt denkbar – primitiv und verworren.

Zitiert in Schilpp, »Einsteins Antwort«, S. 507

So kam ich … zu einer tiefen Religiosität, die aber im Alter von 12 Jahren bereits ein jähes Ende fand. Durch Lesen populärwissenschaftlicher Bücher kam ich bald zu der Überzeugung, daß vieles an den Erzählungen der Bibel nicht wahr sein konnte … Das Mißtrauen gegen jede Art Autorität erwuchs aus diesem Erlebnis, … eine Einstellung, die mich nicht wieder verlassen hat.

Ibid, S. 1

Da gab es draußen diese große Welt, die unabhängig von uns Menschen da ist und vor uns steht wie ein großes, ewiges Rätsel, wenigstens teilweise zugänglich unserem Schauen und Denken. Ihre Betrachtung wirkte wie eine Befreiung, und ich merkte bald, daß so mancher, den ich schätzen und bewundern gelernt hatte, in der hingebenden Beschäftigung mit ihr innere Freiheit und Sicherheit gefunden hatte.

Ibid., S. 2

Ist nicht die ganze Philosophie wie in Honig geschrieben? Wenn man hinsieht, sieht alles wunderbar aus, wenn man aber nochmals hinsieht, ist alles fort. Nur der Brei ist übrig.

Zitiert in Rosenthal-Schneider, *Realität und wissenschaftliche Wahrheit*, S. 168

Meine Überzeugungen sind denjenigen Spinozas verwandt: Bewunderung für die Schönheit und Glaube an die logische Einfachheit der Ordnung und Harmonie, welche wir demütig und nur unvollkommen fassen können.

Zitiert in Hoffmann, *Albert Einstein, Schöpfer und Rebell*, S. 115

Meine Religion besteht in demütiger Anbetung eines unendlichen geistigen Wesens höherer Natur, das sich selbst in den kleinen Einzelheiten kundgibt, die wir mit unseren schwachen und unzulänglichen Sinnen wahrzunehmen vermögen. Diese tiefe gefühlsmäßige Überzeugung von der Existenz einer höheren Denkkraft, die sich im unerforschlichen Weltall manifestiert, bildet den Inhalt meiner Gottesvorstellung.

Zitiert in Seelig, *Einstein*, S. 70f

Der Mensch denkt und Gott lenkt. Manchmal gibt er aber dieses Amt an des Teufels Großmutter ab.

Zitiert in Hermann, *Albert Einstein*, S. 483

Über den Tod

Mit seinem Freund Paul Ehrenfest, der später Selbstmord beging. Aquarell von M. Kamerlingh-Onnes. (AIP Emilio Segré Visual Archives)

Ich habe mir fest vorgenommen, mit einem Minimum medizinischer Hilfe ins Gras zu beissen, wenn mein Stündlein gekommen ist, bis dahin aber drauf los zu sündigen, wie es mir meine ruchlose Seele eingibt.

Brief an Elsa Löwenthal, 11. August 1913; *CPAE*, Band 5, Dok. 466

Ich fühle mich so solidarisch mit allem Lebenden, daß es mir einerlei ist, wo der einzelne anfängt und aufhört.

Brief an Hedwig Born, die Frau des Physikers Max Born, 18. April 1920; Einstein-Archiv 31-475; zitiert in Seelig, *Helle Zeit – Dunkle Zeit*, S. 36

Ich weiß, was es heißt, die Mutter in Todesqual zu sehen, ohne helfen zu können. Alle müssen wir so Schweres tragen, denn es ist mit dem Leben ja untrennbar verbunden.

Brief an Hedwig Born, 18. April 1920; Einstein-Archiv 8-257; in Einstein–Born, *Briefwechsel 1916-1955*, S. 52

Unser Tod ist kein Ende, wenn wir in unseren Kindern und in der jüngeren Generation gelebt haben. Denn diese sind wir selbst, unser Körper nur ein welkes Blatt am Baume des Lebens.

Brief an die Witwe des holländischen Physikers Heike Kamerlingh-Onnes, 25. Februar 1926; Einstein-Archiv 14-389

Weder auf meinem Sterbebette noch vorher werde ich mir eine solche Frage vorlegen. Die Natur ist kein Ingenieur oder Unternehmer, und ich bin selber ein Stück Natur.

Antwort auf die Frage eines englischen Korrespondenten, welche Tatsachen bestimmen würden, ob sein Leben ein Erfolg wäre oder ein Fehlschlag, 12. November 1930; Einstein-Archiv 45-751, auch zitiert in Dukas und Hoffmann, *Albert Einstein, the Human Side*, S. 92

Ich fühle mich nicht dazu in der Lage, an Ihrem Vorhaben einer Fernsehsendung »Die letzten zwei Minuten« teilzunehmen. Es scheint mir nicht so wichtig, wie man seine letzten zwei Minuten vor der endgültigen Erlösung verbringen soll.

Antwort auf die Bitte, er möge an einer Fernsehsendung teilnehmen, in der berühmte Menschen sagen, wie sie die letzten zwei Minuten ihres Lebens verbringen wollten; 26. August 1950, Einstein-Archiv 60-684; zitiert in Einstein, *Briefe*, S. 101

Ich selber gehöre auch schon weg, bin aber doch noch da.

Brief an Erika Schärer-Meyer, 27. Juli 1951; Einstein-Archiv 60-525

* Schau ganz tief in die Natur, und dann verstehst du alles besser.

Zu Margot Einstein nach dem Tod seiner Schwester Maja 1951; zitiert von Hanna Loewy in A & E Television Einstein-Biographie, VIP International, 1991

… und doch ist der Tod eines vom Alter Gebeugten eine Erlösung für ihn; ich kann es lebhaft fühlen, weil ich selber alt geworden bin und den Tod empfinde wie eine alte Schuld, die man endlich entrichtet. Dabei tut man doch instinktiv alles Mögliche, um diese letzte Erfüllung hinauszuschieben. So ist das Spiel, das die Natur mit uns treibt.

Brief an Gertrud Warschauer, 5. Februar 1955; zitiert in Einstein, *Über den Frieden*, S. 610

Ich möchte gehen, wann ich möchte. Es ist geschmacklos, das Leben künstlich zu verlängern. Ich habe meinen Anteil getan, es ist Zeit zu gehen. Ich möchte dies elegant tun.

Zitiert von Helen Dukas in ihrem Brief an A. Pais, 30. April 1955; siehe Pais, *Raffiniert ist der Herrgott*, S. 482

Ich möchte verbrannt werden, damit die Menschen nicht kommen, um meine Gebeine zu verehren.

Zitiert von A. Pais, *Manchester Guardian*, 17. Dezember 1994

Das Leben ist eine aufregende Geschichte. Es macht mir Vergnügen. Es ist wundervoll. Wenn ich jedoch wüßte, dass ich in drei Stunden zu sterben hätte, würde mich das sehr wenig beeindrucken. Ich würde mir überlegen, wie ich diese drei Stunden am besten verwenden könnte, dann ruhig meine Papiere in Ordnung bringen und mich friedvoll hinlegen.

In Infeld, *Albert Einstein*, S. 76

Über die USA und die Amerikaner

Einstein, Helen Dukas (links) und Margot Einstein legen in Trenton, New Jersey, den Eid auf die Verfassung der USA ab. (AIP Emilio Segré Visual Archives)

* Ich bin gern in Boston. Ich habe gehört, daß Boston eine der berühmtesten Städte der Welt ist und ein Mittelpunkt für Forschung und Bildung. Ich freue mich, hier zu sein und bin sicher, daß ich meinen Besuch in dieser Stadt und an der Harvard Universität genießen werde.

Bei seinem Besuch in Boston mit Chaim Weizmann; *New York Times*, 17. Mai 1921; Beitrag von A. J. Kox vom *Einstein Papers Project*, Boston, als eine Art Gegengewicht zu den vielen Bemerkungen zu Princeton, die in diesem Buch zitiert werden

Die übergroße Begeisterung für mich in Amerika scheint echt amerikanisch zu sein, und wenn ich es richtig begreife, daran zu liegen, daß die Menschen sich dort so ungeheuer langweilen, viel mehr als bei uns ... Es gibt Städte mit einer Million Einwohnern – trotzdem welche Armut, welche geistige Armut!

Aus »Einstein über amerikanische und englische Wissenschaft«, *Berliner Tageblatt* vom 7. Juli 1921

Man erzählt ihnen von etwas Großem, das Einfluß auf das ganze weitere Leben haben soll, und von einer Theorie, die nur von dem Auffassungsvermögen einer kleineren Gruppe Hochgelehrter bewältigt werden kann, und es werden große Namen genannt, die auch Entdeckungen gemacht haben, von denen die Masse nichts begreift. Es imponiert ihnen, es bekommt die Farben und die bezaubernde Macht des Mysteriösen..., so wird man enthusiastisch und aufgeregt.

Ibid.

Ob es einen lächerlichen Eindruck auf mich macht, die Aufgeregtheit der Menge für meine Lehre und meine Theorie, von der sie doch nichts versteht, zu beobachten? Ich finde es komisch und zugleich interessant, dieses Spiel zu beobachten. Ich glaube bestimmt, daß es das Geheimnisvolle des Nichtbegriffenen ist, das sie bezaubert.

Ibid.

Selbstbewusstes Auftreten ist in Amerika überall erforderlich, sonst kriegt man nirgends bezahlt und wird gering eingeschätzt.

Brief an Maurice Solovine, 14. Januar 1922; Einstein-Archiv 21-157; in Speziali, *Correspondance*, S. 48

Noch nie habe ich von seiten des schönen Geschlechtes so energische Ablehnung gegen jede Annäherung gefunden; sollte es doch einmal der Fall gewesen sein, dann sicher nicht von so vielen auf einmal.

An eine amerikanische Frauenliga, die gegen Einsteins Besuch in den USA protestierte; Einstein-Archiv 48-818; in *Mein Weltbild*, S. 45

Amerika ist heute die Hoffnung aller aufrechten Menschen, die den Respekt vor dem fremden Dasein und dem Rechte aller auf freie Existenz hochhalten.

»Botschaft für Deutschland«, einem im Weißen Haus stationierten Korrespondenten am 7. Dezember 1941 telefonisch übermittelt; zitiert in Einstein, *Über den Frieden*, S. 331

Ich denke, dass die freie Entfaltung des einzelnen Menschen und seiner Fähigkeiten letzten Endes das einzig berechtigte Ziel politischen Strebens ist.

Ibid.

Es gibt aber einen düsteren Punkt in der sozialen Einstellung des Amerikaners. Sein starkes Gefühl für Gleichberechtigung und Menschenwürde ist in der Hauptsache beschränkt auf Menschen weißer Hautfarbe... Je mehr ich mich als Amerikaner fühle, desto mehr schmerzt, ja bedrückt mich dieser Zustand.

Aus einer Ansprache an der Lincoln-Universität anläßlich der Verleihung der Ehrendoktorwürde im Mai 1946; zitiert in *Aus meinen späten Jahren*, S. 180

Die psychologische Situation der Juden hier [in Amerika] ist ziemlich ähnlich der in Deutschland vor Hitler. Die Reichen und Erfolgreichen suchen ihre jüdische Abstammung zu bemänteln und gebärden sich als Über-Patrioten. Die übrigen kommen mit den Gojim sozial kaum in Berührung, sondern leben unter sich. Die Trennung ist sogar schärfer als sie irgendwo im westlichen Europa gewesen ist, inklusive Deutschland.

Brief an Hans Mühsam, 24. März 1948; Einstein-Archiv 38-371

Einstein im Arbeitszimmer seines Hauses in Mercer Street 112 in Princeton. (Lotte Jacobi Archives, Universität von New Hampshire)

Ich hab mich kaum je unter den Menschen so fremd gefühlt als gegenwärtig, oder ist es eine Täuschung durch Vergessen? Das Schlimmste ist, dass nirgends etwas ist, mit dem man sich identifizieren kann. Alles brutal und verlogen.

Brief an Gertrud Warschauer, 15. Juli 1950, zur McCarthy-Zeit; Einstein-Archiv 39-505

Nachdem es mit so schweren Opfern gelungen ist, die Deutschen unterzukriegen, haben nun meine lieben Amerikaner temperamentvoll deren Erbe angetreten... Es ist dasselbe Bild wie damals in Deutschland; die Menschen fallen um wie die Fliegen.

Brief an Königin Elisabeth von Belgien, 6. Januar 1951, zu der Kommunistenhetze in den USA unter McCarthy; Einstein-Archiv 32-400; in Einstein, *Über den Frieden*, S. 551

Ich bin in meiner neuen Heimat zu einer Art enfant terrible geworden, weil ich nicht imstande bin, alles schweigend zu schlucken, was sich zuträgt.

Brief an Königin Elisabeth von Belgien, 28. März 1954; Einstein-Archiv 32-410

Über Princeton, New Jersey, seine amerikanische Heimatstadt

Ich fand Princeton schön. Eine noch ungerauchte Pfeife. Jung und frisch.

Berliner Tageblatt, 7. Juli 1921

Princeton ist ein wundervolles Stückchen Erde und dabei ein ungemein drolliges zeremonielles Krähwinkel winziger stelzbeiniger Halbgötter. Man kann sich aber durch Verstossen gegen den guten Ton eine schöne Ungestörtheit verschaffen.

Brief an Königin Elisabeth von Belgien, 20. November 1933; Einstein-Archiv 32-369; in Einstein, *Über den Frieden*, S. 261

* Mein Ruhm fängt außerhalb von Princeton an. In Fine Hall zählt mein Wort nur wenig.

Zu dem geringen Einfluß, den er auf Entscheidungen hatte, die das Institut in Princeton betrafen, 1934–40. (Die alte Fine Hall heißt jetzt Jones Hall; dort ist der Fachbereich Ostasienkunde untergebracht.) Zitiert in Infeld, *Quest*, S. 302

Ich bin sehr glücklich in meinem neuen Heim in diesem freundlichen Land und in der liberalen Atmosphäre von Princeton.

Aus einem Interview »Der Friede muß erkämpft werden« für *Survey Graphic*, August 1935; zitiert in Einstein, *Über den Frieden*, S. 277

So hab ich mich in die halb hoffnungslosen Probleme verbissen, zumal einem älteren Menschen die hiesige Gesellschaft innerlich fremd bleibt.

Brief an Königin Elisabeth von Belgien, 16. Februar 1935; Einstein-Archiv 32-385; in Einstein, *Über den Frieden*, S. 273

Es ist mir vergönnt, hier in Princeton auf einer Schicksalsinsel zu leben, die in mancher Beziehung Ähnlichkeit hat mit dem Schloßgarten in Laeken. Auch hierher in dies kleine Universitätsstädtchen dringen kaum die wirren Stimmen des menschlichen Kampfes... Ich schäme mich fast in solcher Ruhe zu leben, während sonst alles kämpft und leidet.

Brief an Königin Elisabeth von Belgien, 20. März 1936, Einstein-Archiv 32-387; in Einstein, *Briefe*, S. 51

Angesichts aller der schweren Dinge, die ich in den letzten Jahren erlebte, empfinde ich es doppelt dankbar, dass mir in der Universität Princeton eine Arbeitsstätte und eine wissenschaftliche Umgebung zuteil wurde, wie sie besser und harmonischer nicht gedacht werden kann.

Brief an Harold Dodds, den Präsidenten der Universität Princeton, 14. Januar 1937; Einstein-Archiv 52-823

Eine Verbannung ins Paradies.

Zu seiner Professur in Princeton; zitiert in Sayen, *Einstein in America*, S. 64

Nicht wahr, Sie wundern sich, was für ein Gegensatz besteht zwischen meiner Berühmtheit in der Welt, dem Lärm über mich in den Zeitungen und der Isolierung und Stille, in der ich hier lebe. Aber diese Isolierung habe ich mir mein ganzes Leben gewünscht und sie hier in Princeton gefunden.

Zitiert in Frank, *Einstein*, S. 463

Vermischtes

Einstein im Wohnzimmer seines Hauses in Princeton, vor einem Besuch in New York, Anfang 1938. (Lotte Jacobi Archives, Universität von New Hampshire)

Abtreibung

Bis zu einem gewissen Stadium der Schwangerschaft soll Abtreibung auf Wunsch der Frau erlaubt sein.

An die Weltliga für Sexualreform, Caputh, 6. September 1929; Einstein-Archiv 48-304; zitiert in Grüning, *Ein Haus für Albert Einstein*, S. 305

Alter

Es gibt doch etwas Ewiges, das der Hand des Schicksals und aller menschlichen Verblendung entrückt ist. Und diese ewigen Dinge stehen dem älteren Menschen näher als dem zwischen Furcht und Hoffnung pendelnden jüngeren Menschen.

Brief an Königin Elisabeth von Belgien, 20. März 1936; Einstein-Archiv 32-387; Einstein, *Briefe*, S. 30

Solche Menschen wie wir beide sterben zwar alle, aber sie werden nicht alt, solange sie leben. Ich meine damit, sie stehen immer noch neugierig wie Kinder vor dem grossen Rätsel, in das wir mitten hineingesetzt sind.

Brief an Otto Juliusburger, 29. September 1942; Einstein-Archiv 38-238

Ich freue mich meiner späten Tage, hab mir den Humor bewahrt und nehme weder mich selbst noch andere wichtig.

Brief an Paul Moos, 30. März 1950; Einstein-Archiv 60-587

Ich selber neige immer mehr zur Einsamkeit, ein Zug, der sich mit dem Alter zu verstärken pflegt.

Brief an E. Marangoni, 1. Oktober 1952; Einstein-Archiv 60-406

Wenn nicht jüngere Menschen für mich sorgten, würde ich gewiss versuchen, in eine Anstalt aufgenommen zu werden, sodass ich mich nicht beunruhigen müsste über den Niedergang der körperlichen und seelischen Kräfte, der doch nach dem natürlichen Lauf der Dinge unvermeidlich ist.

Brief an W. Lebach, 12. Mai 1953; Einstein-Archiv 60-221

In der Jugend erscheint jede Person und jede Begebenheit einzigartig und nur einmalig. Im Alter wird man sich der Wiederkehr ähnlicher Begebenheiten stärker bewußt. Später ist man seltener entzückt und erstaunt, aber auch seltener enttäuscht als in jungen Jahren. Man fühlt in dieser Weise, dass unser Blick sich mehr geändert hat als die mannigfaltige Welt da draussen.

Brief an Königin Elisabeth von Belgien, 3. Januar 1954; Einstein-Archiv 32-408

Auch finde ich, dass die Alten, die kaum mehr etwas zu verlieren haben, für die viel mehr gehemmten Jungen das Maul aufreissen müssen. Ein bischen, denkt man, mag es ja vielleicht doch helfen.

Brief an Königin Elisabeth von Belgien, 29. März 1954; Einstein-Archiv 32-411

Jedes Alter hat seine schönen Augenblicke.

Zu Margot Einstein; zitiert in Sayen, *Einstein in America*, S. 298

Ich lebte in jener Einsamkeit, die in der Jugend schmerzlich, in den Jahren der Reife aber köstlich ist.

Zitiert in *Aus meinen späten Jahren*, S. 13

Arbeit

Es kommt wirklich alles zusammen, um mir das Arbeiten schwer zu machen. Aber solange ich arbeiten kann, darf und will ich mich nicht beklagen, denn dies ist das einzige, was dem Leben einen wirklichen Inhalt gibt.

Brief an seinen Sohn Hans Albert, 4. Januar 1937; zitiert in Highfield und Carter, *Geheime Leben*, S. 267; Einstein-Archiv 75-926

Es ist eigentlich rätselhaft, was einen antreibt, die Arbeit so verteufelt ernst zu nehmen. Für wen? Für sich? – man geht doch bald. Für die Mitwelt? Für die Nachwelt? *Nein*, es bleibt rätselhaft.

Brief an den befreundeten Künstler Joseph Scharl, 27. Dezember 1949; Einstein-Archiv 34-207

Ich bin auch überzeugt, daß die Freude an geistigen Dingen am reinsten dort anzutreffen ist, wo diese nicht mit dem Broterwerb verknüpft ist.

Brief an L. Manners, 19. März 1954; Einstein-Archiv 60-401

Begabung

Übrigens weiss ich ganz genau, dass ich selber gar keine besondere Begabung habe. Neugier, Besessenheit und sture Ausdauer verbunden mit Selbstkritik haben mich zu meinen Gedanken gebracht; aber besonders starke Denkkraft (»Gehirn-Muskulatur«) ist nicht, bzw. nur in bescheidenem Masse vorhanden. Viele haben weit mehr davon, ohne dass etwas Überraschendes herauskäme. Also mit der Untersuchung der Ahnen ist es nichts.

Brief an Juliusburger, der Einsteins Ahnenreihe auf Begabung erforschen wollte. 24. März 1948; Einstein-Archiv 38-372

Begräbnis

Die Teilnahme an Begräbnissen ist doch etwas, was man nur seiner Umgebung zuliebe tut. Es hat an sich keinen Sinn. Es kommt mir vor wie der Eifer, mit dem man jeden Tag seine Stiefel frisch putzt, damit die Umgebung nicht sagt, man habe ungeputzte Stiefel.

Zitiert in Frank, *Einstein*, S. 140

Begreiflichkeit

Das ewig Unbegreifliche an der Welt ist ihre Begreiflichkeit. Daß die Setzung einer realen Außenwelt ohne jene Begreiflichkeit sinnlos wäre, ist eine der großen Erkenntnisse Kants.

In *Mein Weltbild*, S. 193

Bildhauerei

Den Menschen aus der Bewegung und in Bewegung darzustellen, fordert das höchste Maß an Intuition und Können.

Zitiert in Grüning, *Ein Haus für Einstein*, S. 240

Bücher

Was ich über das Buch zu sagen habe, steht in dem Buch.

Antwort auf die Bitte eines Reporters der *New York Times* um eine Bemerkung zu dem Buch *Die Evolution der Physik*, von Leopold Infeld, als dessen Mitverfasser er zeichnete; zitiert in Ehlers, *Liebes Hertz!*, S. 65

Denken

* Worte oder Sprache, wie sie geschrieben oder gesprochen werden, spielen in meinem Denkmechanismus anscheinend überhaupt keine Rolle.

1945; aus Anhang 2 in Hadamard, *An Essay on the Psychology of Invention in the Mathematical Field*

Es ist mir nicht zweifelhaft, dass unser Denken zum grössten Teil ohne Verwendung von Zeichen (Worte) vor sich geht und dazu noch weitgehend unbewusst. Denn wie sollten wir sonst manchmal dazu kommen, uns über ein Erlebnis ganz spontan zu »wundern«? Dies »sich wundern« scheint dann aufzutreten, wenn ein Erlebnis mit einer in uns hinreichend fixierten Begriffswelt in Konflikt kommt.

Zitiert in Schilpp, *Autobiographisches*, S. 7–8

Ehe

[Meine Eltern] betrachten die Frau als einen Luxus des Mannes, den sich dieser erst gönnen kann, wenn er eine behagliche Existenz hat. Ich aber achte eine solche Art der Auffassung des Verhältnisses zwischen Mann und Frau sehr gering, da sich nach ihm Frau und Dirne lediglich dadurch unterscheiden, daß erstere sich vermöge ihrer günstigeren Lebensumstände vom Manne einen Vertrag fürs Leben zu erzwingen vermag.

Brief an Mileva Marić, 6. August 1900; Einstein, *Am Sonntag...*, S. 103

Warum sollte man denn auch jemandes Anwesenheit zulassen, der ordinär genug ist, ein Gegner jedes Krieges zu sein, natürlich den unvermeidlichen mit der eigenen Frau ausgenommen?

Zu einem Vertreter der »Associated Press«, als er erfuhr, daß sich eine Gruppe von Frauenklubs seiner Einreise in die USA widersetzte, weil er ihrer Meinung nach umstürzlerische Lehren verbreite. Zitiert in Frank, *Einstein*, S. 220

Die Ehe ist der erfolglose Versuch, einen Zufall zu etwas Dauerhaftem zu machen.

Zitiert von Otto Nathan, in Highfield und Carter, *Geheime Leben*, S. 260

Es ist gefährlich – aber jede Ehe ist gefährlich.

Befragt, ob es Juden erlaubt sei, Nichtjuden zu heiraten; zitiert in Highfield und Carter, *Geheime Leben*, S. 260

[Ehe] ist doch Sklaverei in einem kulturellen Gewand.

Zitiert in Grüning, *Ein Haus für Einstein*, S. 159

[Ich habe] keinerlei Verständnis dafür, daß sich zwei Menschen auf Grund eines Papiers als gegenseitiges Eigentum betrachten und entsprechend handeln dürfen.

Ibid., S. 158

Ehrgeiz

Alles wirklich Wertvolle kommt nicht aus dem Ehrgeiz oder aus dem Pflichtgefühl, sondern aus der Liebe und Devotion gegenüber Menschen oder objektiven Dingen.

Für einen Farmer aus Idaho, der ihn um Worte gebeten hatte, mit denen sein Sohn Albert Wada aufwachsen könne, 30. Juli 1947; Einstein-Archiv 58-934; zitiert in Dukas und Hoffmann, *Albert Einstein, the Human Side*, S. 134

Erfolg

* Versuche nicht, ein erfolgreicher, sondern ein wertvoller Mensch zu werden.

Zitiert in der Zeitschrift *Life*, 2. Mai 1955

Fliegende Untertassen

Diese Menschen haben irgendetwas gesehen. Was es ist, weiß ich nicht und will ich auch nicht unbedingt wissen.

Brief an L. Garner, 23. Juli 1952; Einstein-Archiv 59-803. (Einstein meinte auch, man sollte keine Science-fiction-Romane lesen, weil sie die Wissenschaft verzerrten und dem Leser die Illusion vermittelten, die Naturwissenschaften zu verstehen.

Frauen

Sehr wenige Frauen sind kreativ. Ich würde eine Tochter nicht Physik studieren lassen. Ich bin froh, dass meine Frau keine Naturwissenschaften versteht. Meine erste tat es.

Zitiert von Esther Salaman, einer jungen Berliner Studentin, in *Listener*, 8. September 1968; auch in Highfield und Carter, *Die geheimen Leben*, S. 199

Man soll den Frauen wie überhaupt, so auch für ihre wissenschaftlichen Studien alle Wege ebnen. Aber man soll es mir nicht verdenken, wenn ich dem möglichen Resultat mit einiger Skepsis entgegensehe. Ich denke dabei an gewisse Widerstände in der weiblichen Organisation, die wir als naturgegeben zu betrachten haben und die uns verwehren, denselben Erwartungsmaßstab wie beim Manne anzulegen.

Zitiert in Moszkowski, *Einstein*, S. 98

Verglichen mit diesen Weibern ist jeder von uns ein König, denn er steht halbwegs auf eigenen Füßen, ohne immer auf etwas außer ihm zu warten, um sich daran zu klammern. Jene aber warten immer, bis einer kommt, um nach Gutdünken über sie zu verfügen. Geschieht dies nicht, so klappen sie einfach zusammen.

Zitiert in Hermann, *Einstein*, S. 12

Wenn sich die Frauen in ihrer Wohnung befinden, so sind sie an ihre Möbel fixiert. Sie laufen den ganzen Tag um sie herum und arbeiten etwas an ihnen. Wenn ich mich aber mit meiner Frau auf einer Reise befinde, so bin ich ihr einziges Möbel, das sie mitgenommen und zu ihrer Verfügung hat, und sie kann sich nicht enthalten, den ganzen Tag um mich zu kreisen und an mir etwas zu verbessern.

Zitiert in Frank, *Einstein*, S. 220

Geburtenkontrolle

* Ich bin davon überzeugt, daß einige politische und gesellschaftliche Aktivitäten und Praktiken der katholischen Organisation für die Gemeinschaft als Ganzes schädlich und sogar gefährlich sind, hier wie anderswo. Ich erwähne hier nur den Kampf gegen die Geburtenkontrolle zu einer Zeit, in der die Überbevölkerung in vielen Ländern eine ernsthafte Gefahr für die menschliche Gesundheit geworden ist und ein schweres Hindernis für alle Versuche, auf diesem Planeten Frieden zu schaffen.

Brief an einen Leser der Zeitschrift *Brooklyn Tablet*, 1954, der Einstein fragte, ob er zu diesem Thema richtig zitiert worden sei

Geburtstage

Mein liebes Schatzerl! ... Halt, zuerst noch eine herzliche verspätete Gratulation zu Deinem Geburtstagerl von gestern, an das ich schon wieder vergessen hatte.

Brief an Mileva Marić, seine spätere Frau, 19. Dezember 1901; Einstein, *Am Sonntag*..., S. 157; *CPAE*, Band 1, Dok. 130

Solche Feiern sind etwas für Kinder.

New York Times, 14. März 1950

Der Geburtstag war... eine wahre Naturkatastrophe, ein Papierregen voll von Schmeicheleien, unter denen man fast erstickt. Aber alles geht vorbei, und nur der alte Zigeuner bleibt einstweilen immer noch übrig.

Brief an Hans Mühsam, 30. März 1954; Einstein-Archiv 38-434

Geheimnisse

Das Schönste, was wir erleben können, ist das Geheimnisvolle. Es ist das Grundgefühl, das an der Wiege von wahrer Kunst und Wissenschaft steht. Wer es nicht kennt und sich nicht mehr wundern, nicht mehr staunen kann, der ist sozusagen tot und sein Auge erloschen.

Aus »Wie ich das Leben sehe«; in *Mein Weltbild*, S. 9

Es war eine grosse Freude für mich, Ihnen von den Mysterien zu erzählen, vor die uns die Physik stellt. Man hat als Mensch gerade noch soviel Verstand mitbekommen, dass man von seiner intellektuellen Ohnmacht dem Seienden gegenüber eine deutliche Vorstellung erlangen kann. Die Welt des Menschengetriebes würde schöner aussehen, wenn diese Demut allen mitgeteilt werden könnte.

An Königin-Mutter Elisabeth von Belgien, Caputh, 19. September 1932; zitiert in Grüning, *Ein Haus für Albert Einstein*, S. 305

Gewalt

Gewalt mag manchmal Hindernisse rasch aus dem Weg geräumt haben; als schöpferisch aber hat sie sich niemals erwiesen.

Aus »Über die Prinzipien der individuellen Freiheit«, 1934; in *Aus meinen späten Jahren*, S. 174

Gewalt zieht stets moralisch Minderwertige an, und es ist nach meiner Überzeugung Gesetz, daß geniale Tyrannen Schurken als Nachfolger haben.

Aus »Wie ich die Welt sehe«; in *Mein Weltbild*, S. 9

Gewissen

Handle niemals gegen das Gewissen, selbst wenn der Staat es fordert.

Zitiert im Nachruf, *Saturday Review*, 30. April 1955

Gute Taten

Mit den guten Taten ist es wie mit den guten Gedichten. Man spürt es kräftig, kann es aber nur ganz unvollkommen rational erfassen.

Brief an Maurice Solovine, 9. April 1947; Einstein-Archiv 21-250; in Speziali, *Correspondance*, S. 100

Heimat

Endlich ist es nicht so wichtig, wo man sitzt... Ich selbst bin unausgesetzt herumgegondelt – überall ein Fremder. So ein Mensch wie ich denkt es sich als ideal, mit den Seinen irgendwo *zuhause* zu sein.

Brief an Max Born, 3. März 1920; Einstein-Archiv 8-146; Einstein–Born, *Briefwechsel 1916–1955*, S. 47

Homosexualität

Homosexualität sollte bis auf den notwendigen Schutz Jugendlicher straffrei sein.

An die Weltliga für Sexualreform, 6. September 1929; Einstein-Archiv 48-304; zitiert in Grüning, *Ein Haus für Albert Einstein*, S. 305

Individualität

Als das eigentlich Wertvolle im menschlichen Getriebe empfinde ich nicht den Staat, sondern das schöpferische und fühlende Individuum, die Persönlichkeit: sie allein schafft das Edle und Sublime, während die Herde als solche stumpf im Denken und stumpf im Fühlen bleibt.

»Wie ich die Welt sehe«; in *Mein Weltbild*, S. 9

* Nur dann kann der menschlichen Gesellschaft Wertvolles entspringen, wenn sie gelassen genug ist, die freie Entwicklung der Fähigkeiten eines Menschen zu ermöglichen.

Einstein-Archiv 49-094

* Während es zutrifft, daß ein wirklich freier Mensch vernichtet werden kann, kann ein solches Individuum niemals versklavt oder als blindes Werkzeug benutzt werden.

In *Impact*, UNESCO, 1950

Der Mensch ist seinem emotionellen Erbteil nach eine Mischung von einem Raubtier und einem sozialen Geschöpf. Dabei fordert das Wohl der Gesamtheit zugleich die Pflege der Sonderheit des Individuums; denn nur von dem Individuum können die neuen Gedanken kommen, deren die Gesamtheit zu ihrer ständigen Vervollkommnung, ja zur Vermeidung von Sterilität und Erstarrung notwendig bedarf.

Aus einer Botschaft für ein Ben Schemen-Dinner, März 1952; Einstein-Archiv 28-932

Intelligenz

Es beelendet mich immer, wenn eine feine Intelligenz nicht mit einem guten Charakter gepaart ist.

Brief an Jakob Laub, 19. Mai 1909; *CPAE*, Band 5, Dok. 161

Intuition

Sämtliche großen Wissenschaftstaten [liegen] in der intuitiven Erkenntnis, nämlich der Axiome, aus denen alsdann deduktiv geschlossen wird... Die Intuition [bildet also] die Voraussetzung für das Auffinden solcher Axiome.

Zitiert in Moszkowski, *Einstein*, S. 180

Jugend

Jugend, weisst du, dass du nicht die erste Jugend bist, die nach einem Leben voll Schönheit und Freiheit lechzte? Jugend, weisst du, dass all deine Vorfahren so waren wie du und der Sorge und dem Hass verfielen? Weisst du auch, dass deine heissen Wünsche nur dann in Erfüllung gehen können, wenn es dir gelingt, Liebe und Verständnis für Mensch, Tier, Pflanze und Sterne zu erringen, wenn jede Freude deine Freude und jeder Schmerz dein Schmerz sein wird?

Eintrag in das Gästebuch eines Nachbarn in Caputh, 1932; zitiert in Dukas und Hoffmann, *Albert Einstein, the Human Side*, S. 129

Aber wenn ich anfange, mich körperlich zu pflegen, dann bin ich nicht mehr ich selber. Also für mich wäre es der Anfang einer (Gottseibeimir) Verberlinerung. Also zum Teufel damit. Wenn ich Dir so unappetitlich bin, dann such Dir einen für weibliche Geschmäcker geniessbareren Freund. Ich aber bewahre mir meine Indolenz, die schon den Vorteil hat, dass mich mancher »Fatzke« in Ruhe lässt, der mich sonst aufsuchen würde.

Brief an seine spätere zweite Frau Elsa Löwenthal, nach dem 2. Dezember 1913; *CPAE*, Band 5, Doc. 489

Ich mag weder neue Sachen noch neuartige Speisen. Ich möchte auch keine neuen Sprachen lernen.

Zitiert in Pais, *Raffiniert ist der Herrgott*, S. 14

Es wäre traurig, wenn die Tüte wertvoller wäre als das darin verpackte Fleisch.

Aus der *New York Times* vom 19. April 1955, mit Bezug auf Einsteins bekannte Verachtung für seine äußere Erscheinung

Wieso, dort kennt mich ja jeder (als Entgegnung auf Ermahnungen, er solle in bezug auf seine äußere Erscheinung nicht so nachlässig sein). Wieso, dort kennt mich ja niemand (als ihm gesagt wurde, er solle sich für seine erste große Konferenz sorgfältig kleiden).

Zitiert in Ehlers, *Liebes Hertz!*, S. 87

* Ich habe ein Alter erreicht, in dem ich dann, wenn mir jemand sagt, ich solle Socken tragen, das nicht tun muß.

Zitiert von seinem Nachbarn und Kollegen Allan Shenstone; in Sayen, *Einstein in America*, S. 69

Als ich jung war, fand ich heraus, daß die große Zehe immer die Angewohnheit hat, ein Loch in die Socke zu machen. Und so habe ich aufgehört, Socken zu tragen.

Zu Philippe Halsman; zitiert in French, *Einstein*, S. 91

Kreativität

Der Mensch ist von Natur, wie alle Tiere, träge. Wenn ihn nichts zwickt, dann denkt er kaum und handelt aus Routine ähnlich wie ein Automat ... In seiner Not denkt er nach über Mängel der Formen der Wirtschaft und über die Notwendigkeit übernationaler Bindungen.

Aus »Aufruf zum Widerstand gegen den drohenden Kulturverfall«, Rede bei einer vom Flüchtlingshilfsfonds in der Londoner Royal Albert Hall veranstalteten Massenveranstaltung, 3. Oktober 1933; in *Aus meinen späten Jahren*, S. 16

Ohne schöpferische, selbständig denkende und urteilende Persönlichkeiten ist eine Höherentwicklung der Gesellschaft ebensowenig denkbar wie die Entwicklung der einzelnen Persönlichkeit ohne den Nährboden der Gemeinschaft.

Aus »Gemeinschaft und Persönlichkeit«; in *Mein Weltbild*, S. 12

Kriminelle

Ich denke, daß wir uns gegen Menschen schützen müssen, die für andere eine Gefahr sind, ganz unabhängig davon, wie ihre Handlungen determiniert sein mögen.

Brief an Otto Juliusburger, 11. April 1946; Einstein-Archiv 38-228

Leistung

* Der Wert der Leistung liegt im Geleisteten.

Oktober 1950; Einstein-Archiv 60-297

Liebe

Doch die Liebe beglückt wieviel mehr, als die Sehnsucht schmerzt.

Brief an Marie Winteler, seine erste Liebe, 21. April 1896 (17jährig); *CPAE*, Band 1, Dok. 18

* Wo Liebe ist, gibt es keine Last.

An seinen Freund, den Redakteur Saxe Commins, Sommer 1953; zitiert in Sayen, *Einstein in America*, S. 294

Es tut mir leid, dass Sie Schwierigkeiten haben, Ihre Jugendfreundin in Ihre Nähe zu bekommen. Solange dies andauert, werden Sie sich aber bestimmt glänzend mit ihr vertragen. Also warum wollen Sie so schrecklich pressieren?

Brief an Cornelius Lanczos, 14. Februar 1955; Einstein-Archiv 15-328

Lügen

Wen [die Phantasie] nie belogen hat, der weiß nicht, was selig heisst.

Brief an Elsa Löwenthal, 30. März 1912; *CPAE*, Band 5, Dok. 389

Materialismus

Die Menschen können ein würdiges und harmonisches Leben nur erreichen, wenn sie sich innerhalb der Grenzen der menschlichen Natur von dem Drang nach Erfüllung materieller Wünsche befreien können. Das Ziel ist die Förderung geistiger Werte in der Gesellschaft.

Bei einer Planungskonferenz amerikanischer Freunde der Hebräischen Universität; zitiert in der *New York Times*, 20. September 1954; in Pais, *Ich vertraue auf Intuition*, S. 323

Moral

Man muß sich von verlogenen Unternehmungen fernhalten, auch wenn sie einen schönen Namen haben.

Brief an Maurice Solovine, Pfingsten 1923, zu Einsteins Austritt aus einer Völkerbundskommission

Moral ist eine höchst wichtige Sache, aber für uns, nicht für Gott.

Brief an einen Bankier in Colorado, August 1927; Dukas und Hoffmann, *Albert Einstein, the Human Side*, S. 66

Der Inhalt einer wissenschaftlichen Theorie gibt an sich keinen Leitfaden für die Lebensführung.

Forum 83 (1930), S. 373

Es gibt nichts Göttliches an der Moral; sie ist eine rein menschliche Angelegenheit.

In *Mein Weltbild*, 1934

Die Menschheit hat allen Grund dazu, die Verkünder hoher moralischer Normen und Werte höher zu stellen als die Entdecker objektiver Wahrheit. Was die Menschheit Persönlichkeiten wie Buddha, Moses und Jesus verdankt, steht mir höher als alle Leistungen des forschenden und konstruktiven Geistes.

September 1937; Dukas und Hoffmann, *Albert Einstein, the Human Side*, S. 144

Die Moralität in dem hier skizzierten Sinne ist kein starres System... Sie ist eine nie endende Aufgabe, die stets unser Urteil leiten und unser Streben beleben soll.

Aus einer Ansprache am Swarthmore College, Pennsylvania, 6. Juni 1938; zitiert in der *New York Times*, 7. Juni 1938; Einstein-Archiv 29-083

Das Streben nach moralischem Handeln ist das wichtigste Streben der Menschen. Sein inneres Gleichgewicht, ja seine Existenz hängen davon ab. Moralisches Handeln allein kann dem Leben Schönheit und Würde verleihen.

Brief an einen Pfarrer in Brooklyn, 20. November 1950; Einstein-Archiv 28-894, 59-871; zitiert in Dukas und Hoffmann, *Albert Einstein, the Human Side*, S. 156

Die Musik *wirkt* nicht auf die Forschungsarbeit, sondern beide werden aus derselben Sehnsuchtsquelle gespeist und ergänzen sich bezüglich der durch sie gewährten Auslösung.

Brief an Paul Plaut, 23. Oktober 1928; Einstein-Archiv 28–065; Dukas und Hoffmann, *Albert Einstein, the Human Side*, S. 148

Mozarts Musik ist so rein und schön, daß ich sie als die innere Schönheit des Universums selbst ansehe.

Zitiert in Hermann, *Einstein*, S. 158

Zuerst improvisiere ich, wenn das nicht hilft, suche ich Trost bei Mozart. Aber wenn sich beim Improvisieren doch ein Weg anbietet, brauche ich Bachs klare Konstruktionen, um meinen Gedanken weiterzuführen.

Erklärung dazu, wie er sich nach der Arbeit beim Spiel auf seiner Geige »Lina« erholt, wobei er besonders gern in der gekachelten Küche spielte, weil es dort so gut klang.

Wenn man auch recht eifrig geigt,
Ist es doch nicht angezeigt,
Andern etwas vorzumachen,
Denn dies wäre rein zum Lachen.

Zitiert in Sayen, *Einstein in America*, S. 136

Der Dilettant hat ja sein Recht,
Und spielte er auch noch so schlecht;
Doch soll es andre nicht verdrießen,
So muss er brav die Fenster schließen.

Für Emil Hilb, 18. April 1939

Neugier

* Wichtig ist, daß man nicht aufhört zu fragen. Neugier hat ihren eigenen Seinsgrund. Man kann nicht anders als die Geheimnisse von Ewigkeit, Leben oder die wunderbare Struktur der Wirklichkeit ehrfurchtsvoll zu bestaunen. Es genügt, wenn man versucht, an jedem Tag lediglich ein wenig von diesem Geheimnis zu erfassen. Diese heilige Neugier soll man nie verlieren.

Persönliche Erinnerung des Redakteurs William Miller; zitiert in der Zeitschrift *Life*, 2. Mai 1955

* Neugier ist ein verletzliches Pflänzchen, das nicht nur Anregung, sondern vor allem Freiheit braucht.

Zitiert in Cline, *Men Who Made a New Physics*, S. 64

Pfeifenrauchen

Pfeifenrauchen trägt zu einem einigermaßen objektiven und gelassenen Urteil über menschliche Angelegenheiten bei.

Zur Annahme der Lebensmitgliedschaft im Pfeifenraucherklub Montreals; zitiert in der *New York Times*, 12. März 1950. (Einstein soll seine Pfeife so gern gehabt haben, daß er sie nicht aus der Hand ließ, als sein kleines Segelboot umkippte und Einstein sich im Segel verfing; siehe Ehlers, *Liebes Hertz!*, S. 149)

Priorität

Die Leute, denen es vergönnt ist, zum Fortschritt der Wissenschaft etwas beizutragen, sollten sich die Freude über die Früchte gemeinsamer Arbeit nicht durch solche Dinge [Prioritätsfragen] trüben lassen.

Zitiert in Hermann, *Einstein*, S. 196

Prohibition

Ich trinke nicht, deshalb ist mir alles egal.

Bemerkung zur Prohibition, die er möglicherweise scherzhaft 1930 bei seiner Ankunft in New York machte, in der A&E Television Einstein-Biographie, VIP International

Psychoanalyse

Ich möchte gerne im Dunkel des Nicht-Analysiertseins verbleiben.

1928; Dukas und Hoffmann, *Albert Einstein, the Human Side*, S. 130

Rassismus

* Dieses Land muß sich noch von einer schweren Schuld entlasten, wegen all der Mühen und Schwierigkeiten, die es den Schultern der Schwarzen auferlegt hat... Wir verdanken den Schwarzen und ihren wunderbaren Gesängen und Chorälen die schönsten Beiträge im Bereich der Kunst, die Amerika der Welt geschenkt hat.

Anläßlich der Einweihung der Klagemauer bei der Weltausstellung 1940

[Die Vorurteile gegenüber den Schwarzen] sind die schlimmste Krankheit, an der die Gesellschaft in unserem Land leidet.

Zitiert in *New York Times*, 25. September 1946; in Pais, *Ich vertraue auf Intuition*, S. 292

Die Sicherung [des Schutzes der Bürger vor Lynchmorden] ist eine der dringlichsten Aufgaben unserer Generation.

An Präsident Truman; zitiert in *New York Times*, 23. September 1946, ibid.

Reichtum

Ich will einmal in meinem Esszimmer nur einen tannenen Tisch, eine Bank und ein paar Stühle.

Zitiert in Maja Einsteins Biographie ihres Bruders; auch in Dukas und Hoffmann, *Albert Einstein, the Human Side*, S. 122

Die banalen Ziele menschlichen Strebens: Besitz, äußerer Erfolg, Luxus, erschienen mir seit meinen jungen Jahren verächtlich.

Aus »Wie ich die Welt sehe«; in *Mein Weltbild*, S. 8

Ich bin fest davon durchdrungen, daß keine Reichtümer der Welt die Menschheit weiterbringen können, auch nicht in der Hand eines dem Ziele noch so ergebenen Menschen. Nur das Beispiel großer und reiner Persönlichkeiten kann zu edlen Auffassungen und Taten führen. Das Geld zieht nur den Eigennutz an und verführt unwiderstehlich zum Mißbrauch. Kann sich jemand Moses, Jesus oder Gandhi bewaffnet mit Carnegies Geldsack vorstellen?

Aus »Vom Reichtum«; in *Mein Weltbild*, S. 10–11

* Die Wirtschaftswissenschaftler werden ihre Wertetheorien revidieren müssen.

Als er erfuhr, daß zwei seiner handgeschriebenen Manuskripte bei einer Auktion zugunsten der Kriegsanleihen 11,5 Millionen Dollar erzielt hatten; mitgeteilt von Julian Boyd an Dorothy Pratt, 11. Februar 1944; Einstein-Archiv der Universität Princeton; zitiert in Sayen, *Einstein in America*, S. 150

Segeln

Der Sport, der die geringste Energie beansprucht.

Zitiert in French, *Einstein*, S. 134

Das Segeln in den einsamen Buchten der hiesigen Küste [ist] nicht wenig verlockend… Ich habe einen Kompaß, der im Dunkeln leuchtet, wie ein ganz ernsthafter Seefahrer. Es ist aber nicht so weit her mit meiner Kunst und ich bin schon zufrieden, wenn ich jeweils von der Sandbank wieder los komme, auf der ich stecken geblieben bin (so ähnlich wie beim Beethoven-Quartett).

Brief an die Königin-Mutter Elisabeth von Belgien, 20. März 1954; Einstein-Archiv 32-410

Sexualerziehung

Bezüglich der Sexualerziehung: Keine Geheimniskrämerei.

Brief an die Weltliga für Sexualreform, Caputh, 6. September 1929; Einstein-Archiv 48-304; zitiert in Grüning, *Ein Haus für Einstein*, S. 306

Beim Segeln, einer seiner Lieblingsbeschäftigungen, bei Huntington, Long Island 1937. (Lotte Jacobi Archives, Universität von New Hampshire)

Sklaverei

Insoweit heute von einer Abschaffung der Sklaverei wirklich gesprochen werden kann, verdanken wir sie den praktischen Auswirkungen der Wissenschaft.

Aus »Exakte Wissenschaft und Menschheit«, 1935; in *Aus meinen späten Jahren*, S. 18

Spiele

Ich mag keine Spiele... Dafür habe ich keine Zeit. Wenn ich mit meiner Arbeit fertig bin, möchte ich nichts mehr sehen, was den Verstand beschäftigt.

New York Times, 28. März 1936

Tiere

* Herzlichen Dank für Ihren netten und interessanten Bericht. Ich sende die herzlichsten Grüße an meinen Namensvetter, auch von unserem eigenen Kater, der sich sehr für die Geschichte interessierte und sogar ein wenig eifersüchtig war, weil sein eigener Name, »Tiger«, nicht wie in Ihrem Fall die Verwandtschaft mit der Familie Einstein zum Ausdruck bringt.

Brief an Edward Moses, 10. August 1946, der ihm geschrieben hatte, daß die Mannschaft seines Schiffes in Deutschland ein halb verhungertes Kätzchen gerettet und offiziell »Professor Albert Einstein« getauft hatte; Einstein-Archiv 57-194

Ich weiß schon, was dich stört, aber nicht, wie ich es abstellen kann.

Zu seinem Kater Tiger, der offenbar unter dem Hausarrest litt, den er wegen des starken Regens ertragen mußte. Zitiert in Ehlers, *Liebes Hertz!*, S. 161

Wichtig ist, daß *er* es weiß.

Über Moses, den Hund eines Freundes, dessen lange Haare es schwer machten, vorn und hinten zu unterscheiden. Ibid.

Der Hund ist intelligent. Er hat Mitgefühl mit mir, weil ich immer soviel Post bekomme, deswegen versucht er den Postboten zu beißen.

Über seinen Hund Chico, ibid. S. 162

Todesstrafe

Ich habe mich zu der Überzeugung durchgearbeitet, dass die Abschaffung der Todesstrafe wünschenswert ist. Begründung: 1) Irreparabilität im Falle eines Justizirrtums, 2) Nachteiliger moralischer Einfluss der Hinrichtungsprozedur auf diejenigen, welche mit der Execution direkt oder indirekt zu tun haben.

Brief an einen Berliner Zeitungsverleger, 3. November 1927; Einstein-Archiv 46-009. Einige Monate früher hatte die *New York Times* geschrieben: »Professor Einstein ist nicht für die Abschaffung der Todesstrafe... Er sehe keinen Grund, warum sich die Gesellschaft sozial schädlicher Individuen nicht entledigen sollte. Er fügte hinzu, daß die Gesellschaft nicht mehr Recht habe, jemanden zu lebenslanger Haft als zum Tode zu verurteilen.« *New York Times*, 6. März 1927; zitiert in Pais, *Ich vertraue auf Intuition*, S. 198

Was ich über die Todesstrafe denke? Ich bin überhaupt nicht für die Strafe, sondern nur für Massregeln im Dienste der Gesellschaft oder zu deren Schutz. Im Prinzip wäre ich nicht dagegen, in diesem Sinn wertlose oder gar schädliche Individuen zu töten; ich bin nur deshalb dagegen, weil ich den Menschen, d.h. den Gerichten mißtraue. Ich schätze nämlich am Leben mehr die Qualität als die Quantität.

Brief an Valentine Bulgakov, 4. November 1931; Einstein-Archiv 45-702

Toleranz

Die wichtigste Art der Toleranz ist... die der Gesellschaft und des Staates gegen das Individuum. Der Staat ist gewiss nötig, ...aber wenn er zur Hauptsache wird und der einzelne Mensch zu seinem willenlosen Werkzeug, dann gehen alle feineren Werte verloren.

Aus einem unveröffentlichten Aufsatz zur Toleranz; Einstein-Archiv 49-094

Toleranz ist das menschenfreundliche Verständnis für Eigenschaften, Auffassungen und Handlungen anderer Individuen, die der eigenen Gewohnheit, der eigenen Überzeugung und dem eigenen Geschmack fremd sind.

Einstein-Archiv 49-994

Überzeugung

Überzeugung ist eine gute Triebfeder, aber ein schlechter Richter!

Brief an de Sitter, 14. April 1917; Einstein-Archiv 36-573

Vegetarische Ernährung

Ich habe die Tierleichen immer mit etwas schlechtem Gewissen gegessen.

Brief an Max Kariel, 3. August 1953; Einstein-Archiv 60-058

Sie trinken Milch, die den Kälbern entzogen wird und ausserdem von einem künstlich auf unmässige Milchproduktion gezüchteten und insofern verstümmelten Tier herstammt... Wenn Sie sich ein Stück Sumpfland erstehen, um Ihren Kohl oder Ihre Äpfel selbst zu pflanzen, dann müssen Sie zuerst die Wassertiere und Pflanzen durch Entwässerung umbringen und später die Raupen etc., die Ihnen die kärgliche Nahrung wegfressen würden. Wenn Sie aber all das vermeiden wollen, müssen Sie Selbstmord begehen und nur diejenigen am Leben lassen, denen alle höheren moralischen Grundsätze unbekannt und unzugänglich sind.

Ibid.

So lebe ich fettlos, fleischlos, fischlos dahin, fühle mich aber ganz wohl dabei. Fast scheint mir, dass der Mensch gar nicht als Raubtier geboren ist.

Brief an Hans Mühsam, 30. März 1954; Einstein-Archiv 38-435

Wahrheit

Das Streben nach Wahrheit und Erkenntnis gehört zum Schönsten, dessen der Mensch fähig ist, wenn auch der Stolz auf dieses Streben meist im Munde derjenigen ist, die am wenigsten von solchem Streben erfüllt sind.

Aus einer Rundfunksendung für *United Jewish Appeal*, 11. April 1943; Einstein-Archiv 28-587

* Es läßt sich schwer sagen, was Wahrheit ist, aber manchmal ist es leicht, etwas Falsches zu erkennen.

Brief an Jeremiah McGuire, 24. Oktober 1953; Einstein-Archiv 60-487

Wer es in kleinen Dingen mit der Wahrheit nicht ernst nimmt, dem kann man auch in großen Dingen nicht vertrauen.

Zitiert in Einstein, *Über den Frieden*, S. 640

Autoritätsdusel ist der größte Feind der Wahrheit.

Zitiert in Hermann, *Einstein*, S. 102

Weisheit

* Weisheit ist nicht das Ergebnis der Schulbildung, sondern des lebenslangen Versuchs, sie zu erwerben.

Brief an einen Bewunderer, 22. März 1954; zitiert in Dukas und Hoffmann, *Albert Einstein, the Human Side*, S. 44

Wettbewerb

Ich bin gottlob abseits und brauche mich nicht mehr am Wettrennen der Geister zu beteiligen. Eine Beteiligung daran ist mir immer als schlimme Sklaverei erschienen, nicht weniger als die Sucht nach Geld oder Macht.

Brief an Paul Ehrenfest, 25. Mai 1927, zu dem Wettbewerb um akademische Stellungen; Einstein-Archiv 10-163; auch in Dukas und Hoffmann, *Albert Einstein, the Human Side*, S. 139

Einstein zugeschrieben

Der Schauspieler Walter Matthau als Einstein in dem Film I. Q. *(Mit freundlicher Genehmigung von Paramount Pictures.* I. Q. ® 1994 *Paramount Pictures. Alle Rechte vorbehalten)*

Ich habe zwei Kriege, zwei Ehefrauen und Hitler überlebt.

Ich weiß nicht, wie der Dritte Weltkrieg geführt werden wird, wohl aber, wie im Vierten gekämpft wird: mit Stökken und Steinen.

Wenn Menschlichkeit und Technik im Konflikt sind, gewinnt die Menschlichkeit.

Nur wenige Menschen können eine Meinung, die sich von der in der Gesellschaft vorherrschenden unterscheidet, mit Gleichmut äußern.

Die Phantasie ist wichtiger als das Wissen. Wissen ist beschränkt, Phantasie umspannt die Welt.

Nichts ist so gut für die menschliche Gesundheit und nichts verbessert die Überlebenschancen so sehr wie eine gute vegetarische Ernährung.

Es ist einfacher, radioaktives Plutonium zu entsorgen als das Böse im Menschen.

Alles wahrhaft Große und Anregende wird von dem Individuum geschaffen, das in Freiheit wirken kann.

Unser Zeitalter scheint durch die Vervollkommnung der Mittel und die Verworrenheit der Ziele gekennzeichnet zu sein. Noch so viele Experimente können je beweisen, daß ich recht habe; ein einziges Experiment kann mich widerlegen.

In der Naturwissenschaft ist die Arbeit des Einzelnen so stark mit der seiner Vorgänger und Kollegen verknüpft, daß sie fast ein unpersönliches Produkt seiner Generation zu sein scheint.

Dem Streben nach Wahrheit gebührt Vorrang vor allem anderen.

Internationales Recht gibt es nur in den Lehrbüchern zum internationalen Recht.

Andere über Einstein

Im Grand Canyon, Arizona, 28. Februar 1931, in Hopi House mit Elsa Einstein und Hopi-Indianern, die Einstein »Great Relative« nannten. (New York Times Pictures)

Was sollen wir tun, wenn Einstein annimmt? Dann haben wir die größten Schwierigkeiten.

Ben Gurion zu Yitzak Navon, nachdem Abba Eban im November 1952 den Auftrag erhalten hatte, Einstein das Amt des israelischen Präsidenten anzubieten; zitiert in Holton und Elkana, *Albert Einstein: Historical and Cultural Perspectives*, S. 295; auch Hermann, *Albert Einstein*, S. 487

* Wenn er etwas lustig fand, funkelten seine Augen, und er lachte mit dem ganzen Körper... Er hatte viel Sinn für Humor.

Algernon Black, 1940; Einstein-Archiv 54-834

Durch Albert Einsteins Werk hat sich der Horizont der Menschheit unendlich erweitert, und gleichzeitig hat unser Bild vom Universum eine Geschlossenheit und Harmonie erreicht, von der man bisher nur träumen konnte. Grundlage seines Erfolgs waren die Leistungen früherer Generationen der weltumspannenden Gemeinschaft der Wissenschaftler, und erst kommende Generationen werden die ganze Tragweite seiner Erkenntnisse ermessen können.

Niels Bohr, *New York Times*, 19. April 1955; in Pais, *Ich vertraue auf Intuition*, S. 328

Einstein [wäre] selbst dann einer der größten theoretischen Physiker aller Zeiten... wenn er keine einzige Zeile über Relativität geschrieben hätte.

Max Born; zitiert in Hoffmann, *Albert Einstein, Schöpfer und Rebell*, S. 15

* Er nahm seinen Ruhm immer mit Humor und konnte über sich selbst lachen.

Thomas Bucky, ein Freund der Familie, in A & E Television Einstein-Biographie, VIP International, 1991

Der Gegensatz zwischen seiner gedämpften Sprechweise und seinem schallenden Lachen war gewaltig. Er fand Vergnügen daran, Späße zu machen, und jedes Mal, wenn er eine Pointe von sich gab, die ihm gefiel, oder wenn er etwas hörte, das ihm zusagte, brach er in dröhnendes Gelächter aus.

I. Bernard Cohen; das Protokoll der Unterhaltung mit Einstein erschien im *Scientific American* im Juli 1955; zitiert in French, *Einstein*, S. 108

Sein Lachen, das ganz aus der Tiefe kam, fiel jedem sofort auf. Dieses Lachen war für seine Umgebung eine Quelle der Freude und der Heiterkeit.

Philipp Frank in Frank, *Einstein*, S. 132

Ich hatte Gelegenheit, die Klarheit seines Geistes, die Weite seiner Sachkenntnisse und die Tiefe seines Wissens zu würdigen… [Man ist] durchaus berechtigt, die höchsten Hoffnungen in ihn zu setzen und in ihm einen der führenden Theoretiker der Zukunft zu sehen.

Marie Curie, 1911; zitiert in Hoffmann, *Albert Einstein, Schöpfer und Rebell*, S. 119

Einstein pflegte so oft von Gott zu reden, daß ich beinahe vermute, er sei ein verkappter Theologe gewesen.

Friedrich Dürrenmatt in *Albert Einstein: Ein Vortrag*, S. 12

Der Professor trägt niemals Socken. Selbst als er von Mr. Roosevelt ins Weiße Haus eingeladen war, trug er keine.

Helen Dukas; zitiert von Philippe Halsmann in French, *Einstein*, S. 91

* Es ist nicht ideal, die Frau eines Genies zu sein. Das Leben gehört einem nicht selbst. Es scheint allen anderen zu gehören. Ich widme fast jede Minute des Tages meinem Mann, und das heißt der Öffentlichkeit.

Elsa Einstein; zitiert in einem Nachruf der *New York Times*, 22. Dezember 1936

Das einzige Projekt, das er jemals aufgegeben hat, bin ich. Er versuchte mir Ratschläge zu geben, entdeckte aber bald, daß ich stur war und er nur seine Zeit vergeudete.

Hans Albert Einstein, *New York Times* 17. Juli 1973; zitiert in Pais, *Ich vertraue auf Intuition*, S. 259

* Er liebte die Natur. Ihm gefielen weniger die hohen, eindrucksvollen Berge, wohl aber sanfte und farbenfrohe Hügel, die das Herz leicht machen.

Hans Albert Einstein, im Gespräch mit Bernard Mayer; zitiert in Whitrow, *Einstein*, S. 21

* Er sagte mir oft, eines der wichtigsten Dinge seines Lebens sei die Musik. Immer wenn er bei seiner Arbeit keinen Ausweg mehr wußte oder auf Schwierigkeiten gestoßen war, flüchtete er sich in die Musik, und das löste gewöhnlich alle seine Schwierigkeiten.

Ibid.

* Wenn man mit ihm auf dem Segelboot war, fühlte man ihn wie ein Element. Er hatte etwas so Natürliches und Starkes in sich, weil er selbst ein Teil der Natur war... Er segelte wie Odysseus.

Margot Einstein, 4. Mai 1978, im Gespräch mit J. Sayen; in Sayen, *Einstein in America*, S. 132

* Kein anderer Mensch hat soviel zu der ungeheuren Vermehrung des Wissens im 20. Jahrhundert beigetragen.

Präsident Dwight D. Eisenhower nach Einsteins Tod; zitiert in *New York Times*, 19. April 1955

Einsteins Gespräch war oft ein Mittelding zwischen kindlichem Scherzen und scharfem Spott, so daß manche nicht recht wußten, ob sie lachen oder gekränkt sein sollten. Häufig bestanden seine Scherze darin, daß er die kompliziertesten Verhältnisse so darstellte, wie sie dem Standpunkt eines intelligenten Kindes erscheinen mochten... Das sieht oft wie die schärfste Kritik aus und macht sogar manchmal den Eindruck des Zynischen.

Philipp Frank in Frank, *Einstein*, S. 132

Er, der immer etwas von einem Bohemien an sich hatte, begann einen »bürgerlichen« Haushalt zu führen... in einem Haushalt, wie ihn die wohlhabenden Berliner Familien führten... Wenn man in das Haus kam, so fühlte man, daß Einstein immer ein Fremdling in einem solchen »bürgerlichen« Haushalt blieb: ein Wanderer durch die Welt, der einen Moment ausruht, ein Bohemien als Gast in einem bürgerlichen Heim.

Ibid., S. 218–19

* Natürlich, der alte Herr stimmt heute fast allem zu.

Der Kosmologe George Gamow am unteren Rand eines Briefs vom 4. August 1948, in dem Einstein ihm schrieb, daß eine von Gamows Ideen vermutlich richtig sei; in Reines, *Cosmology, Fusion and Other Matters*, S. 310

Ein Mann, der sich dadurch auszeichnet, daß er sich nach Möglichkeit lieber bescheiden im Hintergrund hält. Wer jedoch wie er Genie besitzt, wird unwiderstehlich dazu gedrängt, nie stillzusitzen.

Lord Haldane, *The Times*, 14. Juni 1921; zitiert in Pais, *Raffiniert ist der Herrgott...*, S. 203

Wir begrüßen den neuen Kolumbus der Naturwissenschaft, der einsam durch die fremden Meere des Denkens fährt.

Hibben, der Rektor der Universität Princeton, bei der Verleihung der Ehrendoktorwürde am 9. Mai 1921; zitiert in Frank, *Einstein*, S. 295

Das Wesen von Einsteins Tiefgründigkeit lag in seiner Einfachheit, das Wesen seiner Wissenschaft in seinem Künstlertum, seinem außergewöhnlichen Sinn für das Schöne.

Banesh Hoffmann; in Hoffmann, *Albert Einstein: Schöpfer und Rebell*, S. 11

Einstein in seiner demütigen Ehrfurcht, seinem Gefühl für das Wunderbare und seinem Sinn für kosmische Harmonie ist den großen religiösen Mystikern zuzuzählen.

Ibid., S. 114

Wenn es klar wurde, daß wir ein Problem nicht lösen konnten, stand Einstein gewöhnlich auf und sagte »Ich will a little think«. Dann steckte er den Finger ins Haar und drehte Locken, während er auf und ab ging oder mit ganz entspanntem Gesicht einfach stehenblieb; es schien, als ob er in einem ganz anderen Teil des Universums weilte und nur sein Körper hier anwesend war. Infeld und ich hielten uns ganz still.

Banesh Hoffmann, Erinnerung; zitiert in Whitrow, *Einstein: The Man and His Achievement*, S. 75; auch in Hermann, *Einstein*, S. 437

Einstein ließ seiner Frau die größte Sorge und Sympathie zukommen. Aber obwohl sie dem Tode nahe war, blieb Einstein gelassen und arbeitete unablässig.

Leopold Infeld über Einsteins Verhalten, als seine Frau Elsa, die unter Herz- und Kreislaufbeschwerden litt, mit dem Tod kämpfte; in Highfield und Carter, *Die geheimen Leben*, S. 267

* Einsteins Größe liegt in seiner ungeheuren Phantasie, in der unglaublichen Hartnäckigkeit, mit der er Probleme verfolgt.

In Infeld, *The Quest*, S. 208

* Wenn Einstein bei einem Fest das Zimmer beträte und als Herr Eisenstein vorgestellt würde, über den Sie nichts wissen, würden Sie doch von seinen leuchtenden Augen, seinem scheuen und vorsichtigen Verhalten, seinem herrlichen Sinn für Humor beeindruckt sein und davon, daß er Platitüden in Weisheit verdrehen kann... Man merkt, daß ein Mann vor Ihnen steht, der selbständig denken kann... Er glaubt, was Sie ihm erzählen, weil er freundlich ist, weil er freundlich sein will, und weil es viel einfacher ist zu glauben, als nicht zu glauben.

Leopold Infeld; in Infeld, *Albert Einstein*, S. 128

Der große Gelehrte ist auch der große Mensch, so einfach, so überzeugend, so sehr in Übereinstimmung mit seiner Wissenschaft, dass alle es spüren.

Erich von Kahler, 1954; Einstein-Archiv 38-279

Um [die jüdische Physik] kurz zu charakterisieren, kann am gerechtesten und besten an die Tätigkeit ihres wohl hervorragendsten Vertreters, des wohl reinblütigen Juden A. Einstein, erinnert werden. Seine »Relativitätstheorien« wollten die ganze Physik umgestalten und beherrschen; gegenüber der Wirklichkeit haben sie aber nun schon vollständig ausgespielt. Sie wollten wohl auch gar nicht wahr sein. Dem Juden fehlt auffallend das Verständnis für Wahrheit, für mehr als nur scheinbare Übereinstimmung mit der von Menschen-Denken unabhängig ablaufenden Wirklichkeit, im Gegensatz zum ebenso unbändigen wie besorgnisvollen Wahrheitswillen der arischen Forscher.

Der deutsche Physiker und Nobelpreisträger Philip Lenard in seinem Buch *Deutsche Physik* (Lehmanns Verlag, München 1936)

* Jeder, der Amerikanern rät, Geheiminformationen, die sie über Spione und Saboteure haben, für sich zu behalten, ist selbst ein Feind Amerikas.

Senator Joseph McCarthy mit Bezug auf Einsteins Aufforderung, die Aussage vor dem von ihm eingesetzten Komitee des Repräsentantenhauses zu verweigern; *New York Times*, 14. Juni 1953

Er hat eine Art des ruhigen Gehens, als ob er befürchtet, die Wahrheit zu wecken und zu verdrehen.

Der japanische Zeichner Ippei Okamoto über Einsteins Besuch in Japan, November 1922; siehe das Manuskript »Einsteins Besuch in Japan 1922«; Einstein-Archiv 36-409

Er war fast völlig ohne jede Raffinesse und völlig ohne Weltlichkeit – Immer umgab ihn eine wunderbare Reinheit, die zugleich kindlich und zutiefst hartnäckig war.

Oppenheimer über Einstein, *New York Review of Books*, 17. März 1966

* Er antwortete mit einer ganz außerordentlichen Art von Gelächter… Es war eher wie das Heulen eines Seehunds. Es war ein glückliches Gelächter. Seitdem habe ich mir immer eine gute Geschichte aufgehoben, um die reine Freude genießen zu können, Einstein lachen zu hören.

Abraham Pais; zitiert in Bernstein, *Einstein*, S. 77

Was Einstein sagt, ist gar nicht so dumm.

Wolfgang Pauli als blutjunger Student, nachdem er eine Vorlesung des zwanzig Jahre älteren Einstein gehört hatte; zitiert in Ehlers, *Liebes Hertz!*, S. 47

Es ist diese klare Einfachheit und Aufrichtigkeit in Ihren Arbeiten, die mich jetzt noch ebenso fesselt wie früher als junger Schüler bei meinem ersten Studium der Relativitätstheorie.

Wolfgang Pauli, Brief an Einstein, 7. März 1949; in Hermann, *Albert Einstein*, S. 501

Einstein liebte Frauen, und je gewöhnlicher und verschwitzter sie waren, um so besser gefielen sie ihm.

Peter Plesch, eine Äußerung seines Vaters János zitierend; in Highfield und Carter, *Die geheimen Leben*, S. 256

Einstein sieht aus wie ein altmodischer, zuverlässiger Schuhmacher oder Uhrmacher einer kleinen Stadt, der am Sonntag vielleicht Schmetterlinge sammelt und abends Fechner liest... Er ist zuhause bei sich selber in diesem Gesicht, in welche Fernen er sich auch sonst begibt.

Max Picard in Grüning, *Ein Haus für Albert Einstein*

Bewundernswert ist vor allem die Leichtigkeit, mit der er sich neue Gedanken aneignet und jede Folgerung aus ihnen zu ziehen weiß.

Henri Poincaré, 1911; zitiert in Hoffmann, *Albert Einstein, Schöpfer und Rebell*, S. 119

Einstein war nicht nur der fähigste Wissenschaftler seiner Generation. Er war auch – und das ist durchaus nicht dasselbe – ein Weiser.

Bertrand Russell im Vorwort zu Einstein, *Über den Frieden*, S. 17

* Einstein war ein wunderbarer Mensch. Obwohl er genial und berühmt war, blieb er immer außerordentlich bescheiden. Jeder Superioritätsanspruch war ihm fremd. Nie sah ich an ihm auch nur das geringste Zeichen von Eitelkeit oder Neid.

Ibid.

Sein ganzes Leben war Einstein um die Freiheit des Individuums besorgt. Nie fehlte es ihm an dem Mut, den die Situation gebot, und er forderte, freilich oft erfolglos, auf, seinem Beispiel zu folgen.

Ibid., S. 18

Wir stehen, auch ohne uns zu schreiben, in Gedankenverbindung miteinander, denn wir erleben unsere furchtbare Zeit miteinander in derselben Weise und ängstigen uns miteinander um die Zukunft der Menschheit... Ich finde es schön, daß wir denselben Vornamen haben.

Albert Schweitzer, Brief vom 20. Februar 1955; Einstein-Archiv 33-236

* Sagen Sie Einstein, daß ich meine Bewunderung für ihn nicht überzeugender beweisen kann als dadurch, daß sein Portrait das einzige von diesen Portraits [von Berühmtheiten] ist, für das ich bezahlt habe.

George Bernard Shaw, zitiert von Archibald Henderson, 21. August 1955 im *Durham Morning Herald*; Einstein-Archiv 33-257 (Einstein sagte dazu: »Das ist typisch für Bernard Shaw, der erklärt hat, daß Geld in dieser Welt das Allerwichtigste ist.«)

Einzig drei der großen Naturphilosophen haben vollständige Universen geschaffen: Ptolemäus, Newton und Einstein. Die anderen haben sie lediglich geflickt. Diese großen Drei wurden die Führer einer Bewegung der Humanität, die sich nach zwei Seiten auswirkte. Die eine nennt man Religion, die andere Wissenschaft.

Shaw bei einem Bankett; zitiert in *Mein Weltbild*, S. 184

Mir erschien er als der größte Intellekt dieses Jahrhunderts und ganz gewiß auch als die großartigste Verkörperung moralischer Erfahrung. Er war in vieler Hinsicht anders als alle anderen Menschen.

C. P. Snow im Gespräch mit Einstein; zitiert in French, *Einstein*, S. 291

* Er war ein Zionist aus allgemein menschlichen Gründen und nicht aus nationalistischen. Er hielt den Zionismus für die einzige Möglichkeit, wie das jüdische Problem in Europa gelöst werden konnte... Er war niemals für einen aggressiven Nationalismus, aber er hatte das Gefühl, daß ein jüdisches Heimatland in Palästina wesentlich war, um die in Europa verbliebenen Juden zu retten... Nach der Gründung des Staates Israel sagte er, daß er irgendwie froh sei, nicht dort zu sein und in die Abweichung durch die hohen moralischen Töne verwickelt zu werden, die er gefunden hatte.

Ernst Straus; zitiert von Whitrow, *Einstein*, S. 87–88

Eine der größten Leistungen – vielleicht die größte – in der Geschichte menschlichen Denkens.

Joseph John Thomson, der Entdecker des Elektrons, über Einsteins Arbeit zur Allgemeinen Relativitätstheorie, 1919; zitiert in Hoffmann, *Albert Einstein, Schöpfer und Rebell*, S. 132

Einstein war Physiker und nicht Philosoph. Aber die naive Direktheit seiner Fragen war philosophisch.

C. F. von Weizsäcker; zitiert in Aichelburg und Sexl, *Albert Einstein*, S. 159

Auf der Überfahrt hat mir Einstein täglich seine Theorie erklärt, und bei der Ankunft war ich überzeugt, daß er sie verstanden hatte.

Chaim Weizmann, 1929; zitiert in Fölsing, *Albert Einstein*, S. 576

* Einsteins Geigenspiel ist ausgezeichnet, aber Weltruhm verdient er nicht; es gibt viele andere, die genauso gut spielen.

Ein Berliner Musikkritiker, Anfang 1920, der nicht wußte, daß Einsteins Ruhm auf seinen Leistungen in der Physik, nicht der Musik beruhte; zitiert in Reiser, *Albert Einstein*, S. 202

Er ist kein guter Lehrer für denkfaule Herrn, die nur ein Heft voll schreiben wollen und es auswendig lernen wollen für das Examen, er ist kein Schönredner, aber wer lernen will ehrlich, tief innerlich seine physikalischen Gedanken aufzubauen, alle Praemissen umsichtig zu prüfen, die Klippen u. Probleme zu sehen, die Zuverlässigkeitsgrenzen seiner Überlegung zu übersehen, der findet in Einstein einen erstklassigen Lehrer, denn alles das kommt im Vortrag zum suggestivsten Ausdruck, der zum Mitdenken zwingt und die Weite des Problems aufrollt.

Brief von Heinrich Zangger an den Bundesrat Forrer, der an Einsteins Fähigkeiten als Lehrer zweifelte; aus Joszef Illy, *Einstein in Prague*, in *Isis*, 70, 1979; zitiert in Fölsing, *Einstein*, S. 330–31

Antworten auf Fragen zu Einstein, die Nichtwissenschaftler besonders häufig stellen

Beim Geigenspiel, 1929. (Ullstein Bilderdienst, Berlin)

Die folgenden Informationen stammen aus Quellen im Einstein-Archiv und aus der veröffentlichten Literatur, insbesondere den Biographien, etwa in denen von Armin Hermann, Albrecht Fölsing, Abraham Pais und Philipp Frank.

Physiker, die Einstein am meisten bewunderte

Michael Faraday, James Clerk Maxwell und Isaak Newton (Bilder dieser Physiker hingen in Einsteins Berliner Arbeitszimmer), außerdem Kepler, Galilei, Planck, H. A. Lorentz (Hermann, S. 357).

Philosophen, die ihn am stärksten beeinflußten

David Hume mit seiner Kritik an überkommenen Annahmen und Dogmen; Ernst Mach mit seiner Kritik der Newtonschen Raum-Zeit-Vorstellung, seiner kritischen Sicht der Newtonschen Mechanik und seiner Befürwortung der intellektuellen Skepsis; Spinoza mit seinen Ansichten zur Religion und Schopenhauer für das Anregende: »Ich kann tun, was ich will, aber ich vermag nicht, es zu wollen.« (Siehe Whitrow, *Einstein: The Man and His Achievement*, S. 12–13; *Mein Weltbild*, S. 8)

Bücher, die Einstein gerne las

Gandhis Autobiographie; die Bücher von Dostojewski, Tolstoi und Herodot; Spinozas Schriften zur Religion, auch Heine und Brecht (Galilei), John Herseys Dokumentarromane, Andersens Märchen, insbesondere die *Chinesische Nachtigall* (Hermann, S. 388). 1920 empfahl er als wissenschaftliche Bücher Weyls *Raum, Zeit, Materie,* Schlicks *Raum und Zeit in der gegenwärtigen Physik* und ein Bändchen *Das Relativitätsprinzip*, dessen dritte Auflage das wichtigste aus den ersten Arbeiten zur allgemeinen Relativitätstheorie enthielt. (Siehe Einsteins Brief an Maurice Solovine, 24. April 1920; in Speziali, *Correspondance*, S. 16.)

Lieblingsmusik und -komponisten

Zu Einsteins Lieblingskomponisten gehörten Bach, Mozart und einige alte Italiener und Engländer, auch Schubert wegen seines ungeheuer vollkommenen Gefühlsausdruckes und seiner gewaltigen, melodiösen Erfindungskraft. Beethovens Musik war ihm zu dramatisch und persönlich. Händel empfand er immer gut, ja vollkommen, aber von einer gewissen Flachheit. Mendelssohn hatte seiner Meinung nach beträchtliches Talent, aber ihm fehlte die Tiefe. Er hielt einige Lieder und Kammermusik von Brahms für »wirklich bedeutend« und empfand Wagners musikalische Persönlichkeit als so »unbeschreiblich widerwärtig«, daß er seine Musik »zumeist nur mit Widerwillen anhören« konnte. Richard Strauß hielt er für begabt, aber ohne innere Wahrhaftigkeit und nur auf äußere Wirkung bedacht. (Antworten auf einen Fragebogen, 1939; Einstein-Archiv 34-322)

Einstein begann im Alter von sechs Jahren mit dem Geigenspiel; er gab es um 1950 auf und spielte statt dessen Klavier. Er vererbte seine Geige »Lina« seinem Enkel Bernhard. (Frank, *Einstein*, S. 23, Grüning, *Ein Haus für Einstein*, S. 251)

Seine Vorlieben in der Bildenden Kunst

Auf dem Gebiet der Bildenden Kunst zog er die alten Meister vor, weil sie ihm »überzeugender« schienen als die Künstler unserer Zeit. Er beschäftigte sich zwar mit dem frühen Picasso (1905, 1906), aber Worte wie Kubismus und abstrakte Malerei bedeuteten ihm nichts. Giotto bewegte ihn tief, auch Fra Angelico und Piero della Francesca. Und er bewunderte Rembrandt. (Bericht seiner Schwester Maja in Pais, *Raffiniert ist der Herrgott*, S. 14.)

Freizeitbeschäftigungen

Einstein musizierte und las gern; seine besondere Freude aber war das Segeln. Zu seinem fünfzigsten Geburtstag schenkten ihm Freunde ein Segelboot – den Tümmler –, mit dem er von Caputh aus, seinem Sommerhaus im Südwesten von Berlin, auf der Havel segelte. In Princeton segelte er mit seinem Boot Tinnef auf dem Lake Carnegie.

Die Verständlichkeit der Relativitätstheorie

Einstein bestritt, je behauptet zu haben, nur zwölf Menschen in der Welt hätten seine Theorie verstanden. Seiner Meinung nach konnte jeder Physiker, der die Theorie studiere, sie auch leicht verstehen. (Ähnliche Bemerkungen machte er bei seiner Ankunft in New York 1921; siehe Frank, *Einstein*, S. 279.)

Einsteins Staatszugehörigkeit

Einstein wurde als Württemberger – und damit als Deutscher – geboren, verzichtete aber 1896 auf diese Staatsbürgerschaft, um dem Wehrdienst zu entgehen, und wurde 1901 Schweizer. Mit seinem Amt an der preußischen Akademie hatte Einstein nach Meinung der Juristen selbstverständlich die preußische Staatsangehörigkeit erworben. Da er niemals auf die schweizerische Staatsbürgerschaft verzichtet hatte, wollten ihn sowohl der deutsche Botschafter als auch der schweizerische Gesandte in Stockholm vertreten, als er den Nobelpreis nicht persönlich in Empfang nehmen konnte. Es kam zu einer langwierigen juristischen Prüfung, die ergab, daß Einstein von 1914 an Doppelstaatler war. Einstein verzichtete 1933 offiziell und demonstrativ auf die deutsche Staatsbürgerschaft und beantragte, nachdem er 1933 mit einem befristeten Besuchervisum in die USA eingereist war, im Mai 1935 beim amerikanischen Konsul in Bermuda die Einbürgerung. Der Konsul gab zu seinen Ehren ein Galadiner und erlaubte ihm, auf Dauer in die USA zu reisen. Fünf Jahre später, 1938, legten er, Margot Einstein und Helen Dukas in Trenton, New Jersey, den Eid auf die Verfassung ab, was sie zu Bürgern der USA machte. (Siehe Pais, *Ich vertraue auf Intuition*, S. 260 und Hermann, *Einstein*, S. 290.)

Einsteins Einkommen

Einstein erhielt am Patentamt als Experte III. Klasse zunächst jährlich 3500 SF, von 1904 an 3900 SF und nach seiner Beförderung zum Experten II. Klasse 4500 SF; das war auch sein Anfangsgehalt an der Universität Zürich; es wurde 1910 auf 5500 SF und nach seiner Ernennung zum Professor an der ETH auf 11 000 SF erhöht. In Berlin erhielt er als ordentliches, hauptamtliches Mitglied der Königlich

Preußischen Akademie der Wissenschaften ein Spitzengehalt von 12000 Mark im Jahr; zu seinen Pflichten gehörte lediglich die Teilnahme an den Sitzungen, die jeden Donnerstagnachmittag stattfanden. Als Direktor des Kaiser-Wilhelm-Instituts für Physik erhielt er ab 1917 zunächst ein Jahresgehalt von 5000 Mark, das im Herbst 1920 auf 10000 Mark, im Oktober 1921 auf 18000 Mark, im Juli 1922 auf 60000 Mark erhöht wurde und im März 1923, nahe dem Höhepunkt der Inflation, 400000 Mark betragen hätte. Einsteins Nebeneinnahmen waren 1923 durch seine Patente und Vorträge so beträchtlich, daß er sich finanziell unabhängig fühlte und zugunsten von Max von Laue, der die eigentliche Leitung des Instituts übernommen hatte, auf diesen Betrag verzichten konnte. Am Institute for Advanced Study in Princeton betrug Einsteins Anfangsgehalt 1933 15000 Dollar im Jahr, wobei ihm eine jährliche Pension von 5000 Dollar zugebilligt wurde (Einstein-Archiv 29-315).

Einsteins Arbeitsplätze in Berlin und Princeton

Einstein, der in Berlin eine Sonderstellung mit fast keinen Verpflichtungen hatte, leitete das für ihn eingerichtete Kaiser-Wilhelm-Institut im wesentlichen von seinem Arbeitszimmer in der Haberlandstraße 5 aus. Erst nach einer schweren Krankheit, die durch Überarbeitung hervorgerufen worden war, stellte er 1928 eine Sekretärin – Helena Dukas – an, die ihn bis zu seinem Tod betreute und zur Nachlaßverwalterin bestellt wurde.

In Princeton hatte Einstein auch nach seiner Emeritierung 1940 bis zu seinem Tod ein Arbeitszimmer im Institute for Advanced Study. Das Institut war zunächst auf dem Gelände der Universität Princeton in einem Teil des alten

Mathematikgebäudes untergebracht, das damals Fine Hall hieß; heute heißt es Jones Hall und ist der Sitz des Fachbereichs Ostasien. Das Institut zog 1940 in seine eigenen Gebäude in einem ländlichen Teil von Princeton um.

Als Einstein ans Institut kam, war der Direktor, Abraham Flexner, zu Einsteins Verdruß übermäßig behütend. Beispielsweise wollte Franklin D. Roosevelt, der Präsident der USA, Einstein persönlich willkommen heißen und ließ ihn durch seinen Sekretär telefonisch – über das Büro des Direktors – in das Weiße Haus einladen. Ohne Einstein zu fragen, lehnte Flexner die Einladung ab und begründete die Ablehnung mit Sicherheitsbedenken. Als Einstein etwas später von diesem Vorfall erfuhr, schrieb er einen Entschuldigungsbrief an Eleanor Roosevelt, wurde noch einmal eingeladen und besuchte mit seiner Frau einige Wochen später den Präsidenten.

Einsteins Tod

Einstein starb im Princeton Hospital am 18. April 1955 (siehe Zeittafel).

Der dortige Pathologe, Dr. Thomas Harvey, führte eine Autopsie durch, bei der er ohne Erlaubnis das Gehirn entfernte und behielt. Ein anderer Pathologe, Dr. Henry Abrams, entnahm mit Erlaubnis der Krankenhausverwaltung die Augen; Dr. Guy Dean, Einsteins Arzt zur Zeit seines Todes, bestätigte schriftlich ihre Authentizität. Die Familie Einsteins erfuhr erst nachträglich davon. Einstein hatte gesagt, daß sein Körper verbrannt werden solle, und die Entfernung der Organe wurde von seinen Freunden für einen Verstoß gegen seine Wünsche gehalten. Die Familie erlaubte Dr. Harvey, das Gehirn zu behalten, solange es nicht irgendwelchen Geschäftszwecken, sondern ausschließlich wissenschaftlicher Forschung diente.

Dr. Harvey hat mindestens drei Teile anderen Wissenschaftlern gegeben, aber nur Dr. Marian Diamond von der Universität von Kalifornien in Berkeley veröffentlichte 1985 in *Experimental Neurology* eine wissenschaftliche Untersuchung. Danach enthält Einsteins Gehirn in jenen Bereichen der linken Hemisphäre, in denen man die Steuerung der Mathematikbegabung und der Sprachfähigkeit vermutet, eine überdurchschnittlich große Anzahl von Gliazellen (sie dienen dem Stofftransport und der Ernährung der Nervenzellen). Ein vergrößertes Bild von Einsteins Gliazellen ist in der Lawrence Hall of Science in Berkeley ausgestellt.

Die Leiche wurde in Trenton noch an seinem Todestag verbrannt und die Asche von seinen Freunden Otto Nathan und Paul Oppenheim verstreut. Der letzte Mensch, der Einstein lebend sah, war die Krankenschwester Alberta Rozsel, die berichtete: »Er seufzte zweimal und verschied.« (*New York Times*, 19. April 1955)

Am 17. Dezember fand im McCarter Theater in Princeton ein Gedächtniskonzert statt, bei dem Robert Casadesus, Klavier, und das Orchester der Universität Princeton Mozarts »Krönungskonzert« (Klavierkonzert in D-Dur) und die Sonatina aus der Bach-Kantate Nr. 106 »Actus Tragicus« aufführten. Außerdem wurde Haydns Symphonie Nr. 104 in D-Dur und Corellis Concerto Grosso Nr. 8 (»Weihnachtskonzert«) gespielt.

Persönliches

Man sagt, Einstein habe relativ spät sprechen gelernt, und man hat vermutet, daß seine Fähigkeit zum bildhaften Denken (also zu seinen »Gedankenexperimenten«) damit zusammenhängt. Andererseits sagte er schon als 2 ½jähriger: Wo hat es seine Rädchen?

Einstein war in der Schule ein überdurchschnittlich guter

Schüler. Seine besten Noten erhielt er in Mathematik, Physik und Musik, die schlechtesten in Französisch und Italienisch (*CPAE*, Band 1, Dok. 8 und 10).

Einsteins »Dienstbüchlein« zeigt die folgenden Ergebnisse einer Gesundheitsuntersuchung, die ihn als untauglich für den Wehrdienst beurteilte, als er 22 war (13. März 1901):

Größe 171,5 cm
Brustumfang 87 cm
Oberarm 28 cm
Krankheiten oder Mängel: Varices, Pes planus, Hyperidrosis ped. (also varikose Venen, Platt- und Schweißfüße; siehe *CPAE*, Band 1, Dok. 91). Helen Dukas sagte, Einstein habe bis 1940 eine Militärsteuer zahlen müssen, weil er nicht in der Schweizer Armee diente, was im Dienstbuch nachgewiesen ist.

Einstein bot dem Präsidenten der Universität Princeton 1920 an, zwei Monate lang ein »zusammenhängendes Kolleg über Relativitätstheorie« mit drei Vorlesungen pro Woche zu halten. Als Honorar schlug er 15 000 Dollar vor (Einstein-Archiv 26-241). Er hielt 1921 jedoch nur vier Vorlesungen, die 1922 als »Vier Vorlesungen über Relativitätstheorie« veröffentlicht wurden, und erhielt sehr viel weniger Geld.

Einsteins Briefe waren gewöhnlich kurz und bezogen sich, besonders in seinen späten Jahren, nur auf das Wesentliche. Der längste handgeschriebene Brief umfaßt zehn Seiten und wurde am 23. Januar 1915 an den Physiker H. A. Lorentz gerichtet (Einstein-Archiv 16-436).

Einstein behauptete, seine Frisur ergäbe sich »durch Vernachlässigung«.

Einstein mochte seine Manuskripte nicht begutachten lassen. Als er im Sommer 1936 dem *Physical Review* eine Arbeit vorgelegt hatte, die ein Gutachter mit zehn Seiten Anmerkungen zurückgab, zog Einstein die Arbeit gekränkt zurück und veröffentlichte sie in einer anderen Zeitschrift. Er behauptete, der *Physical Review* habe kein Recht, die Arbeit vor der Veröffentlichung Gutachtern zu zeigen, wie es in den USA (und anderswo) damals und jetzt Brauch ist (Brief an den Herausgeber des *Physical Review*, 27. Juli 1936; Einstein-Archiv 19-087).

Grete Markstein, eine begabte Schauspielerin, behauptete bis zu ihrem Tode, Einsteins Tochter zu sein. Um ihre Behauptung zu widerlegen, ließ Einstein auf Anregung von Helen Dukas ihre Geburtsurkunde überprüfen; sie zeigte, daß die Behauptung nicht stimmen konnte (beispielsweise war sie nur dreizehn Jahre jünger als er). Markstein starb 1947. (Diese Information verdanke ich Helen Dukas.) Sowohl Einstein als auch sein Freund János Plesch haben launige Gedichte über Markstein geschrieben (Einstein-Archiv 31-540 und 31-541).

Einstein gestattete nie, seinen Namen für Werbezwecke zu benutzen; er erhielt mehrere seltsame Anfragen, so zum Beispiel von einem Hersteller von Haarwuchsmitteln, von einem Seifenhersteller und auch von Herstellern von Schreibgeräten. Wenn bekannt wurde, daß ihm ein Produkt gefiel, wurde er oft gebeten, dafür zu werben. Bis heute schützt eine kalifornische Agentur im Auftrag der Nachlaßverwalter die Rechte der Vermarktung seines Namens in Schrift und Bild.

Seit seinen mittleren Lebensjahren und erst recht im Alter hegte Einstein bittere Gefühle für das andere Geschlecht und nannte die Ehe unverträglich mit der menschlichen Natur: Die Ehe führe dazu, daß Menschen einander als Eigentum behandeln und in ihrem freien Handeln eingeschränkt würden. Die Männer in Einsteins enger Familie hatten alle ältere Partnerinnen; Einsteins beide Frauen waren mindestens drei Jahre älter als er; die erste Frau seines Sohnes Hans Albert war neun, die zweite zwei Jahre älter; sein Sohn Eduard war mit einer älteren Frau befreundet, heiratete aber nicht.

Einstein schnarchte »unglaublich laut«, wie Elsa sagte, deshalb bevorzugte sie getrennte Schlafzimmer. Elsa durfte sein Arbeitszimmer nicht betreten – dort wollte er völlig ungestört sein.

Einstein mochte es gar nicht, wenn seine Frau, wie bei Ehepartnern üblich, ihn einbezog, indem sie »wir« sagte. Er faßte das sogar in Verse (zitiert in Dukas und Hoffmann, *Albert Einstein, the Human Side*, S. 100):

Unbehaglich macht mich stets das Wörtchen »wir«
Denn man ist nicht eins mit einem andern Tier.
Hinter allem Einverständnis steckt
Stets ein Abgrund, der noch zugedeckt.

Als Vermächtnis können wir uns dieses Diktum Einsteins zu Herzen nehmen:

Liebe Nachwelt!
Wenn Ihr nicht gerechter, friedlicher und überhaupt vernünftiger sein werdet, als wir sind bezw. gewesen sind, so soll euch der Teufel holen.

Bibliographie

Aichelburg, P. und R. Sexl. *Albert Einstein*. Braunschweig: Vieweg, 1979

Bernstein, Jeremy. *Albert Einstein*. New York: Penguin, 1978

Born, Max, Hg. *Albert Einstein – Max Born Briefwechsel 1916–1955*. München: Nymphenburger, 1969

Bucky, Peter A. *Der private Albert Einstein*. Düsseldorf: Econ, 1994

Cassidy, David. *Einstein and Our World*. Atlantic Highlands, N. J.: Humanities Press, 1995

Clark, Ronald W. *Einstein: Leben und Werk*. Tübingen: Brechtle, 1974

Cline, Barbara Lovett. *Men Who Made a New Physics*. Chicago: University of Chicago Press, 1987

CPAE, siehe Stachel et al. für Band 1 und 2, Klein et al. für Band 5, Schulmann et al. für Band 8

Cuny, Hilaire. *Albert Einstein: The Man and His Times*. London: 1963

Dukas, Helen und Banesh Hoffmann. *Albert Einstein, the Human Side*. Princeton, N. J.: Princeton University Press, 1979

Dürrenmatt, Friedrich. *Albert Einstein: Ein Vortrag*. Zürich: Diogenes, 1979

Ehlers, Anita. *Liebes Hertz!* Basel: Birkhäuser, 1994

Einstein, Albert. *About Zionism*. New York: Macmillan, 1931

– *Aus meinen späten Jahren*. Frankfurt: Ullstein, 4. Auflage, 1952

– *Mein Weltbild*. Frankfurt: Ullstein, 1955

Einstein, Albert, Mileva Marić. Am *Sonntag küss' ich dich mündlich*. München: Piper, 1994

– *Briefe an Solovine, 1906–1955*, Solovine, Hrsg., Paris: Gauthier-Villars, 1956
– und Sigmund Freud. *Warum Krieg?* 1933; in *Mein Weltbild*
– und Leopold Infeld. *Die Evolution der Physik*. Reinbek: Rowohlt, 1987
– und Arnold Sommerfeld, *Briefwechsel*, A. Hermann, Hrsg., Basel: Schwab, 1968
– *Worte in Zeit und Raum*, Sigurd M. Daecke, Hrsg. Freiburg: Herder, 1991
– *Einstein: A Portrait,* Corte Madera, Hrsg. California: Pomegranate Artbooks, 1984
Elkana, Yehuda. Hrsg., *1879–1979*. Katalog der hebräischen National- und Universitätsbibliothek Jerusalem. Jerusalem, 1979
Flückinger, Max. *Albert Einstein in Bern*. Bern: Haupt, 1961
Fölsing, Albrecht. *Albert Einstein*. Frankfurt: Suhrkamp, 1993
Frank, Philipp. *Einstein. Sein Leben und seine Zeit*. Braunschweig: Vieweg, 1979
French, Anthony, *Albert Einstein. Wirkung und Nachwirkung*. Braunschweig: Vieweg, 1985
Grüning, Michael. *Ein Haus für Albert Einstein*. Berlin: Verlag der Nation, 1990
Hadamard, Jacques. *An Essay on the Psychology of Invention in the Mathematical Field*. Princeton, N.J.: Princeton University Press, 1945
Hermann, Armin. *Albert Einstein*. München: Piper, 1994
Highfield, Roger und Paul Carter. *Die geheimen Leben des Albert Einstein*. Berlin: Byblos, 1994
Hoffmann, Banesh und Helen Dukas. *Albert Einstein: Schöpfer und Rebell*. Zürich: Belser, 1976
– *Einsteins Ideen*. Heidelberg: Spektrum 1993
– *»Einstein and Zionism«*, in *General Relativity and Gravitation*. Hrsg. G. Ahviv und J. Rosen. New York: Wiley, 1975
Holton, Gerald. *The Advancement of Science and Its Burdens*. New York: Cambridge University Press, 1986

Holton, Gerald und Yehuda Elkana, Hrsg. *Albert Einstein: Historical and Cultural Perspectives. The Centennial Symposium in Jerusalem.* Princeton, N.J.: Princeton University Press, 1982

Infeld, Leopold. *The Quest: The Evolution of a Scientist.* New York: Doubleday, 1941

– *Albert Einstein. Sein Werk und sein Einfluß auf unsere Welt.* Berlin: Akademieverlag, 1957

Klein, Martin, A. J. Kox und Robert Schulmann, Hrsg. *The Collected Papers of Albert Einstein*, Band 5, Die Schweizer Jahre: Briefwechsel 1902–1914. Princeton: University Press, 1993

Leach, Henry J., Hrsg. *Living Philosophies: A Series of Intimate Credos.* New York: Simon and Schuster, 1931

Michelmore, P. *Albert Einstein: Genie des Jahrhunderts.* Hannover: Fackelträger, 1968

Moszkowski, Alexander. *Einstein – Einblicke in seine Gedankenwelt.* Hamburg: Hoffmann und Campe, 1921

Nathan, Otto und Heinz Norden, Hrsg. *Über den Frieden*, Bern: Lang, 1975

Pais, Abraham. *Raffiniert ist der Herrgott.* Braunschweig: Vieweg, 1986

– *Ich vertraue auf Intuition. Der andere Albert Einstein.* Heidelberg: Spektrum, 1995

Planck, Max. *Where is Science Going?* New York: Norton, 1932

Regis, Ed. *Einstein, Gödel und Co.* Basel: Birkhäuser, 1989

Reines, Frederick. Hrsg. *Cosmology, Fusion and Other matters. A Memorial to George Gamow.* Boulder University Press of Colorado, 1972

Reiser, Anton. *A Bibliographical Portrait.* New York: Boni, 1930

Rosenthal-Schneider, Ilse. *Begegnungen mit Einstein, von Laue und Planck. Realität und wissenschaftliche Wahrheit.* Braunschweig: Vieweg, 1988

Ryan, Dennis, Hrsg. *Einstein and the Humanities.* New York: Greenwood Press, 1987

Sayen, Jamie. *Einstein in America*. New York: Crown, 1985
Schilpp, Paul, Hrsg. *Albert Einstein als Philosoph und Naturforscher.* Stuttgart: Kohlhammer, 1955
Schulmann, Robert et al. Hrsg. *The Collected Papers of Albert Einstein*, Band 8, Die Berliner Jahre: 1914–1918. Princeton University Press, 1997, im Druck
Seelig, Carl, Hrsg. *Helle Zeit – Dunkle Zeit.* Zürich: Europa Verlag, 1956
Speziali, Hrsg. *Albert Einstein – Michele Besso, Correspondance 1903–1955*. Paris: Hermann, 1972
Stachel, John et al., Hrsg. *The Collected Papers of Albert Einstein*, Band 1, Die frühen Jahre: 1879–1902. Princeton University Press, 1987
– *The Collected Papers of Albert Einstein.* Band 2, Die Schweizer Jahre. Schriften 1900–1909. Princeton University Press, 1987
Sugimoto, Kenji. *Albert Einstein, Die kommentierte Bilddokumentation*. Gräfelfing: Moos, 1987
Treder, H.J. und Christa Kirsten. *Albert Einstein in Berlin*. Berlin: Grundmann, 1979
Vallentin, Antonina. *Das Drama Albert Einsteins*. Stuttgart: Günther, 1955
Wichert, Johannes. *Albert Einstein*. Reinbek: Rowohlt, 1972
Whitrow, G. J. *Einstein. The Man and His Achievement.* New York: Dover, 1967

Namenregister

Ernst Peter Fischer

Aristoteles & Co.

Eine kleine Geschichte der Wissenschaft in Porträts von der Antike bis ins 19. Jahrhundert. 235 Seiten mit 12 Abbildungen. SP 2326

Wir kennen ihre Taten, denn sie haben die Welt verändert. Doch wer die Menschen waren, die Bahnbrechendes in Physik und Chemie, Philosophie und Biologie herausfanden, wie sie lebten, was sie im Privaten dachten, bleibt der Öffentlichkeit meist verborgen. Ernst Peter Fischer behebt diesen Mangel, indem er die Lebenslinien der »stillen Stars« nachgezeichnet. Von Aristoteles über Albertus Magnus, Nicolaus Copernikus, Francis Bacon, Galileo Galilei, René Descartes, Isaac Newton bis zu Michael Faraday und Charles Darwin werden in diesem Band dreizehn faszinierende Persönlichkeiten aus dem Schatten ihrer Leistung ans Licht geholt.

Einstein & Co.

Eine kleine Geschichte der Wissenschaft der letzten hundert Jahre in Porträts. 230 Seiten mit 13 Abbildungen. SP 2491

Wissenschaft wird zwar von Menschen gemacht, aber aus unerfindlichen Gründen weiß kaum jemand wirklich über sie Bescheid. Wir scheinen uns nicht besonders für die menschlichen, privaten Seiten der großen Naturwissenschaftler zu interessieren. Dabei kann man soviel aus ihrem Leben lernen – und Überraschungern erleben und Spaß haben! Nach »Aristoteles & Co.« folgt hier der zweite Band mit den Porträts dreizehn großer Forscher der Moderne. Von James Clerk Maxwell, dem viktorianischen Genie, über die großen Physiker Hermann von Helmholtz und Ludwig Boltzmann und die herausragenden Frauen – Lise Meitner und die Nobelpreisträgerinnen Marie Curie und Barbara McClintock – bis zu den Giganten der modernen Physik: Albert Einstein und Niels Bohr. Ebenso sind die Großen der jüngsten Vergangenheit vertreten: Linus Pauling, John von Neumann, Max Delbrück und Richard P. Feynman.

SERIE PIPER

Albert Einstein
Mileva Marić

Am Sonntag küss' ich Dich mündlich

Die Liebesbriefe 1897–1903. Herausgegeben und eingeleitet von Jürgen Renn und Robert Schulmann. Mit einem Essay »Einstein und die Frauen« von Armin Hermann. 214 Seiten. SP 2652

Als vor wenigen Jahren die Liebesbriefe zwischen Albert Einstein und der Physik-Studentin Mileva Marić gefunden wurden, war das eine Sensation: Die Briefe, die das Genie Einstein als verliebten jungen Mann spiegeln, geben einen ersten Einblick in das Gefühlsleben des großen Physikers, in die Beziehung zu seiner ersten Frau, in seine emotionale und geistige Entwicklung in den Jahren, bevor er die Theorien veröffentlichte, die unser Weltbild veränderten und ihn berühmt machten. Prüfungsängste, die vergebliche Suche nach einer festen Stelle, Konflikte mit Professoren, der Austausch über wissenschaftliche Fragen und schließlich die gegenseitige Liebe – all das spielt eine Rolle in diesen oft überaus originellen Briefen.

Armin Hermann

Einstein

Der Weltweise und sein Jahrhundert. Eine Biographie. 636 Seiten mit 56 Abbildungen. SP 2303

»Es gibt keinen Naturwissenschaftler, über den mehr geschrieben wurde als über Albert Einstein ... Es gehört also eine gehörige Portion Mut dazu, eine weitere Einstein-Biographie zu schreiben, wo doch sicher schon ›alles‹ über Einstein gesagt wurde. Tatsächlich hat sich Armin Hermann dieser Herausforderung bravourös gestellt. Im Gegensatz zu vielen anderen Biographen versucht er nicht, einmal mehr Einsteins Physik zu durchleuchten. Vielmehr analysiert er das ›Phänomen Einstein‹ über den Lebenslauf dieser höchst eigenwilligen Persönlichkeit der wissenschaftlichen und politischen Umwelt und nicht zuletzt über Einsteins Beziehung zu Frauen. Damit wird diese Biographie zur Zeitgeschichte des unerhört kreativen, aber auch dekadenten und selbstmörderischen Europa in der ersten Hälfte des 20. Jahrhunderts.«

Neue Zürcher Zeitung

Richard P. Feynman

»Sie belieben wohl zu scherzen, Mr. Feynman!«

Abenteuer eines neugierigen Physikers. Gesammelt von Ralph Leighton. Herausgegeben von Edward Hutchings. Vorwort zur deutschen Ausgabe von Harald Fritzsch. Aus dem Amerikanischen von Hans-Joachim Metzger. 463 Seiten. SP 1347

»Interessieren Sie sich für Physik? Nein? Dann sollten Sie unbedingt das Feynman-Buch lesen. Interessieren Sie sich für Physik? Ja? Dann sollten Sie unbedingt das Feynman-Buch lesen. Ein Feuerwerk von Pointen und Überraschungsgags, von spitzen Formulierungen und vielen Streichen.«

Frank Elstner, Die Welt

»Kümmert Sie, was andere Leute denken?«

Neue Abenteuer eines neugierigen Physikers. Gesammelt von Ralph Leighton. Aus dem Amerikanischen von Siglinde Summerer und Gerda Kurz. 244 Seiten mit 41 Abbildungen. SP 2166

QED – Die seltsame Theorie des Lichts und der Materie

Aus dem Amerikanischen von Siglinde Summerer und Gerda Kurz. 175 Seiten mit 93 Abbildungen. SP 1562

»Feymans Talent, komplexe Vorgänge einfach und packend darzustellen, zeigt sich auch in diesem Buch auf anschauliche und äußerst vergnügliche Weise.«

Österreichischer Rundfunk

Vom Wesen physikalischer Gesetze

Vorwort zur deutschen Ausgabe von Rudolf Mößbauer. Aus dem Amerikanischen von Siglinde Summerer und Gerda Kurz. 212 Seiten mit 33 Abbildungen. SP 1748

Auch in diesem Buch erweist sich der geniale Physiker Richard P. Feynman als großer Lehrer, der naturwissenschaftliche Zusammenhänge verständlich und unterhaltsam darzustellen vermag.
Hier erfahren die Leser in sieben Kapiteln, was physikalische Gesetze sind und welche allgemeinen Wesensmerkmale diesen zugrundeliegen. »Unsere Epoche ist das Zeitalter der Entdeckung der fundamentalen Naturgesetze – eine aufregende, eine wunderbare Zeit, die aber nicht wiederkehren wird.« In diesem Buch können die Leser teilhaben an Feynmans Entdeckerfreude.

Murray Gell-Mann

Das Quark und der Jaguar

Vom Einfachen zum Komplexen. Die Suche nach einer neuen Erklärung der Welt. Aus dem Amerikanischen von Inge Leipold und Thorsten Schmidt. 528 Seiten mit 23 Abbildungen. SP 2296

Was haben Artenvielfalt, das menschliche Immunsystem, das Erlernen der Sprache oder die Weltwirtschaft mit Elementarteilchenphysik zu tun? Murray Gell-Mann, einer der bedeutendsten Physiker des 20. Jahrhunderts, zeigt, wie man das Einfache und das Komplexe zu einem Modell zusammenfügen kann, das uns hilft, die Welt besser zu verstehen und Lösungen zu finden, um unsere natürliche Umwelt zu erhalten.

Was Albert Einstein für die erste Hälfte des 20. Jahrhunderts war, ist Murray Gell-Mann für die zweite: der genialste und einflußreichste Physiker seiner Zeit. Der »Erfinder« der Quarks, der kleinsten Teilchen der Materie, befaßt sich seit Jahren mit Komplexitätsforschung. In seinem ersten Buch für ein allgemeines Publikum erklärt er, wie sich das Einfache (etwa das Quark) und das Komplexe (zum Beispiel ein Jaguar als Ergebnis einer langen Evolution) zu einem Modell zusammenfassen lassen, das uns helfen wird, die Welt besser zu verstehen. Sein Konzept der Komplexität ist keine Spezialtherorie für Physiker, sondern ein überzeugender Lösungsansatz für viele Probleme des 21. Jahrhunderts.

»Gell-Manns Denkansatz ist überaus vielschichtig: Er bringt sein Spezialgebiet, die Elementarteilchenphysik, mit anderen biologischen und anthropologischen Themen in Verbindung und erklärt, wie das Einfache, z. B. das Quark als kleinstes Teilchen, sich mit dem Komplexen – als Beispiel nennt Gell-Mann den Jaguar als Ergebnis der Evolution – und komplexen adaptiven Systemen, beispielsweise ein Kind, das sprechen lernt, zu einem Modell zusammenfügt, mit dessen Hilfe die Welt besser verstanden und zu ihrem natürlichen Gleichgewicht zurückgeführt werden kann.«
Buchreport